Barbara Hanauer

Materialien und Kopiervorlagen

zur Klassenlektüre

Carolin Philipps

Planet Mia

Hase und Igel®

Inhalt

www.hase-und-igel.de
Lektorat: Annette Huppertz, Patrik Eis
Satz: Helga Lindemann
Illustrationen: Marc Robitzky
Druck: Himmer AG, Augsburg

ISBN 978-3-86760-455-0

„Planet Mia“ – Das Buch im Unterricht

Das Buch

Die Lektüre dieser spannenden, schülernah erzählten Geschichte kann einen wertvollen Beitrag zum Abbau von Berührungsängsten gegenüber Menschen mit besonderen Bedürfnissen und Verhaltensweisen leisten. Anders als bei theoretischen Texten oder Vorträgen zur Integration bzw. Inklusion von Behinderten setzen sich die Schüler intensiv mit der Erfahrungswelt einer Asperger-Autistin auseinander, die einfühlsam, aber keineswegs „weichgezeichnet“ geschildert wird.

Der 13-jährige Finn hat von Anfang an kein gutes Gefühl bei der Sache: Er steht Schmiere, während seine Freunde Benny und Kurt alten Damen auf dem Friedhof die Handtaschen stehlen. Brenzlig wird es für die Jugendlichen, als ausgerechnet die Asperger-Autistin Mia einen solchen Überfall beobachtet – Mia, die einfach nicht begreifen will, dass Notlügen manchmal die beste Lösung für ein Problem sind, und die es tatsächlich wagt, vor Gericht gegen Finn und seine Freunde auszusagen. Benny und Kurt sind außer sich vor Wut. Wenn sie wüssten, dass es eigentlich Finn war, der ihre Namen der Polizei verraten hat … Zu allem Unglück muss Finn, dessen Vater seit einiger Zeit mit Mias Mutter zusammen ist, in Zukunft auch noch in einem Haus mit der 12-jährigen Autistin leben. Hin- und hergerissen zwischen Rachepländen, die vor allem von seinen Freunden vorangetrieben werden, und seinem Mitgefühl für Mia steht Finn unter wachsendem Druck. Soll er Benny und Kurt die Wahrheit sagen? Erst als die beiden Mias Kater entführen, das einzige Wesen, das ihr nah sein darf, ist Finn endlich klar, wie er sich entscheiden muss. Es gelingt ihm, sich gegen den negativen Einfluss seiner vermeintlichen Freunde abzuschotten und sich entschlossen vor das Mädchen zu stellen, das alle als seine „Schwester“ bezeichnen.

Carolin Philipps gibt Leserinnen und Lesern der 5. bis 8. Klasse vielfältige Möglichkeiten zur Identifikation, aber auch zur kritischen Auseinandersetzung mit den etwa gleichaltrigen Figuren des Romans. Durch die bis heute oft getrennte Beschulung von behinderten Menschen gibt es für viele Schüler wenig oder gar keine Berührungspunkte im Alltag. „Planet Mia“ bietet die Möglichkeit, Einblicke in die Erlebniswelt und die Schwierigkeiten von Menschen mit Autismus zu gewinnen und darüber hinaus ganz grundsätzlich über Gerechtigkeit, Schuld, Rache und Verantwortung nachzudenken.

Das Material

Das Begleitmaterial unterstützt, vertieft und bereichert die Beschäftigung mit den zentralen Themen der Lektüre. Es ist in fünf Abschnitte gegliedert, die dem Leseprozess folgen, was einen lektürebegleitenden Einsatz erleichtert. Jeder Abschnitt beginnt mit einem Lehrerteil, der zunächst eine Zusammenfassung des Romaninhalts bietet. Danach folgen didaktische Hinweise und Musterlösungen zu den Kopiervorlagen. Gesprächs- und Schreibanlässe sowie Anregungen zur kreativen Auseinandersetzung mit den Inhalten der Lektüre schließen den Lehrerteil ab. Immer wieder sind hier auch persönliche Wertungen und Erfahrungen gefragt.

Die unmittelbar einsetzbaren Kopiervorlagen setzen verschiedene Schwerpunkte, aus denen Sie je nach zeitlichem Rahmen und Unterrichtssituation wählen können. Einige Kopiervorlagen („Die Personen“, S. 11, „Planet Mia“, S. 22) können die Lektüre des gesamten Romans begleiten. Neben einer intensiven Beschäftigung mit Mia und dem Thema Asperger-Autismus liegt ein Hauptaugenmerk auf den Beziehungen und Entwicklungen der anderen Hauptfiguren des Romans. Insbesondere die charakterliche Entwicklung von Finn, seine veränderte Wahrnehmung von Gleichaltrigen, Freunden und Eltern im Laufe des

Romans soll die Schüler sensibilisieren, eigene Einstellungen und Verhaltensweisen zu hinterfragen. In diesem Zusammenhang wird auch die Struktur der Familie beleuchtet, in der Finn und Mia leben: Was passiert, wenn eine Familie zerbricht, und was ist wichtig für das Zusammenleben in einer Patchworkfamilie? Wie geht man damit um, wenn Eltern zu wenig Zeit haben? Mias Schwierigkeiten, Gesichtsausdrücke bestimmten Gefühlen zuzuordnen oder Sprachbilder richtig zu entschlüsseln, werden zum Anlass für motivierende Übungen genommen, die auch das Empathievermögen der Schüler steigern. Den Abschluss bilden eine Anregung zu einer eigenen Romankritik und ein einfaches Würfelspiel, das die Textkenntnis der Schüler spielerisch prüft und zugleich die unterschiedlichen Herangehensweisen der Figuren Mia und Finn veranschaulicht.

Die thematischen Schwerpunkte der Kopiervorlagen sind durch die folgenden Signets gekennzeichnet:

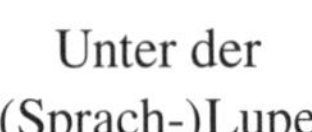

Unter der (Sprach-)Lupe

Mias Welt / Autismus

Finn und seine Freunde

Die Familie

Umgang mit Gefühlen/Gewalt

Den einzelnen Arbeitsaufträgen auf den Kopiervorlagen sind zur besseren Orientierung folgende Symbole vorangestellt:

schreiben/ zeichnen

miteinander sprechen

lesen

Eine spannende, ergiebige und erkenntnisreiche Beschäftigung mit „Planet Mia" wünscht Ihnen und Ihrer Klasse

Barbara Hanauer

1. bis 3. Kapitel: Kein Kinderspiel

Inhalt

(1. Kapitel) Finn Hoffmann, ein fast 14-jähriger Jugendlicher, und seine etwas älteren Freunde Benny Drever und Kurt Mauters treffen sich an einem Mittwoch bei beginnender Dämmerung auf einem Friedhof, weil sie sich zum wiederholten Mal auf leichte Art und Weise Geld beschaffen wollen. Wenn ältere Damen ihre Handtaschen bei der Grabpflege unbeaufsichtigt abstellen, bestehlen sie diese. Kurt verteilt die Aufgaben. Er befiehlt Finn, Wache zu halten, und begibt sich mit Benny auf die Suche nach möglichen Opfern. Obwohl Finn Gewissensbisse bei diesen Aktionen hat, fühlt er sich seinen Freunden verpflichtet.

Plötzlich erscheint Mia, die 12-jährige Tochter der Freundin von Finns Vater, zusammen mit ihrem Kater auf dem Friedhof, um das Grab ihres Vaters zu besuchen. Mia Ginger ist Asperger-Autistin. Ihr Leben läuft nach strengen Regeln ab und hat klare Strukturen. Finns Versuch, sie am Betreten des Friedhofs zu hindern, ignoriert sie. Als zwei Männer das Friedhofsgelände betreten, ist sich Finn unsicher, ob er seine Freunde warnen soll. Noch während er zögert, werden Kurt und Benny von einer alten Dame beim Diebstahl überrascht, die laut um Hilfe ruft. Die beiden Männer entpuppen sich als Zivilbeamte. Kurt und Benny können flüchten, Finn folgt seinen Freunden, um dann aber wieder auf den Friedhof zurückzukehren, weil er befürchtet, dass Mia etwas zugestoßen ist. Während das ohnmächtige Opfer des räuberischen Überfalls von Sanitätern versorgt wird, beobachtet Finn, wie die Zivilbeamten Mia befragen. Obwohl Finn erleichtert ist, dass Mia nichts zugestoßen ist, fragt er sich, was sie wohl ausgesagt hat.

(2. Kapitel) Finn geht nach Hause zu seiner Mutter und ihrem Lebensgefährten Mark. Gemeinsam haben die beiden eine kleine Tochter und beachten Finn, nach seinem Empfinden, kaum noch. Finns Mutter erwartet ihn bereits ungeduldig und fragt wütend, wo und mit wem er unterwegs gewesen sei, weil die Polizei nach ihm gefragt habe. Auch Finns Vater taucht auf und stellt ihn zur Rede. Finns Wut auf Mia wächst, denn durch ihre Aussage ist seine Mitschuld an dem Überfall offensichtlich geworden.

Finns Eltern drängen ihren Sohn dazu, eine Aussage auf einer Polizeiwache zu machen. Dort konfrontiert ein Polizist Finn damit, dass der Vorfall auf dem Friedhof als schwerer Raub mit Körperverletzung behandelt werden wird. Finn schweigt zunächst zu den Anschuldigungen, gibt unter dem Druck der Befragung aber schließlich nach und nennt die Namen von Benny und Kurt.

Auf der Heimfahrt beschließen die Eltern, dass Finn in der nächsten Zeit zum Vater ziehen soll. Bei einem weiteren Fehlverhalten muss er ins Internat – für Finn eine Schreckensvorstellung, mit der ihm seine Eltern nicht zum ersten Mal drohen. Der Entschluss des Vaters, dass Finn bei ihm, seiner Freundin Svenja und ihrer Tochter Mia leben soll, bereitet Finn großen emotionalen Druck.

(3. Kapitel) Am nächsten Tag geht Finns Vater mit seinem Sohn zur Schule, um ihn dort abzumelden. Auf dem Schulhof begegnen sie Benny und Kurt, die Finn auffordern, ihn nachmittags auf dem Bauplatz zu treffen. Finns Vater möchte für seinen Sohn jedoch einen radikalen Neuanfang und verbietet ihm, seine alten Freunde wiederzusehen. In der neuen Schule kommt Finn als Wiederholer der 7. Jahrgangsstufe auch noch in die gleiche Klasse wie Mia. Finns Schulleistungen waren unter der Trennung der Eltern und der Geburt seiner Halbschwester Charlotte ins Bodenlose gerutscht. Statt zu lernen, hat er sich lieber mit Benny und Kurt verabredet, die ihm das Gefühl gaben, gebraucht zu werden.

Wenig später passen Finns „Freunde" ihn jedoch nach der Schule ab, verprügeln ihn und werfen ihm vor, dass er sie bei der Polizei verraten habe. In seiner Not schiebt Finn alles auf Mia. Benny und Kurt fordern Finn daraufhin nachhaltig dazu auf, Druck auf Mia auszuüben, damit sie vor Gericht die Unwahrheit sagt.

Das Leben bei Finns Vater unterliegt strengen Regeln. Finn macht sich zunächst einen Spaß daraus, Mia zu verwirren, wird von seinem Vater jedoch zur Rechenschaft gezogen und sogar dazu verpflichtet, Mia zu beschützen, sollten sich seine Freunde an ihr rächen wollen. Der Prozess rückt näher und Finns Verzweiflung wächst. Seine Versuche, Mia zu manipulieren, sind bei der Asperger-Autistin zum Scheitern verurteilt. Notlügen gibt es nicht in Mias Welt.

Unterrichtsschwerpunkte

- Erwartungen entwickeln, Lesemotivation steigern
- Wortschatzerweiterung
- Die Personen des Romans
- Konfliktfeld Familie

Zu den Kopiervorlagen

Ein Kinderspiel

KV Seite 10

Die Kopiervorlage dient als Einstieg in den Roman. Die stimmungsvoll geschilderte Friedhofsszene wird zunächst dazu genutzt, eine eigene Erwartungshaltung gegenüber dem Roman zu entwickeln und die Lesemotivation der Schüler zu steigern. Die Stichworte zum Fortgang des Romans können im Heft weiter ausformuliert werden, wobei der Fantasie keine Grenzen gesetzt sind: Auch eine Vampir- oder Horrorgeschichte erscheint an dieser Stelle noch vorstellbar …

Bei der Ausformulierung der eigenen Fortsetzungen kann die zweite Aufgabe, die sich mit dem Wortfeld „Angst" beschäftigt, von Nutzen sein. Angst spielt für beide Hauptfiguren des Romans eine wichtige Rolle: Finn wird von seinen „Freunden" unter Druck gesetzt und befürchtet gleichzeitig Sanktionen seiner Eltern. Mia reagiert häufig verängstigt auf die nach ihrer Empfindung unstrukturierte und komplizierte Welt der „normalen Menschen". Die gesammelten Verben, Adjektive, Nomen und Redensarten können von den Schülern weiterführend nach unterschiedlichen Kriterien sortiert werden, z. B. nach ihrer Intensität (von „Betroffenheit" zu „Todesangst") oder danach, ob sie eher umgangssprachlich sind oder sich auch für Aufsätze eignen.

Mögliche Lösung

Aufgabe 2:

Verben: sich ängstigen, aufschrecken, aufspringen, beängstigen, bedrohen, sich bedroht fühlen, bibbern, erschaudern, erschrecken, frösteln, hyperventilieren, (sich) quälen, schocken, schockieren, verängstigen, verschrecken, verstören, zittern

Adjektive: angstbebend, angsterfüllt, ängstlich, angstverzerrt, angstvoll, bang, beängstigend, bedrohlich, befangen, bestürzt, eingeschüchtert, entgeistert, entsetzt, erschreckt, erschrocken, erregt, fassungslos, furchterregend, mutlos, nervös, panisch, scheu, schreckhaft, schweißüberströmt, unruhig, unsicher, verängstigt, verschreckt, zaghaft, zähneklappernd, zaudernd

Nomen: Ängstlichkeit, Angstschweiß, Aussichtslosigkeit, Bammel, Bangigkeit, Bestürzung, Betroffenheit, Entsetzen, Erschrockenheit, Erschütterung, Fassungslosigkeit, Furcht, Furchtsamkeit, Grauen, Grausen, Heidenangst, Höllenangst, Horror, Mutlosigkeit, Panik, Phobie, Schauder, Schock, Schockstarre, Schreck, Schrecken, Todesangst, Verängstigung, Verzweiflung

Redensarten: ihm rutscht das Herz in die Hose, mir ist/wird angst und bange, jemandem Angst und Bange machen, Bangemachen gilt nicht, jemandem Angst/Furcht einflößen, jemandem einen Schrecken einjagen, der Schrecken fährt ihm in die Glieder, jemanden in Angst/Furcht/Panik/Schockstarre versetzen, eine Angstwelle auslösen, eine Heidenangst/Höllenangst haben, das Schlimmste befürchten, tausend Tode sterben, weiche Knie haben/bekommen, sich vor Angst in die Hose machen, vor Angst blind sein, Muffensausen haben, Schiss haben, Panik schieben, ein Angsthase sein, in Angstschweiß ausbrechen, in ständiger Angst leben

Die Personen

KV Seite 11

Alle wichtigen Figuren des Romans treten in den ersten drei Kapiteln auf, sodass sich die Schüler bereits jetzt ein Bild von den Personen machen können und auch davon, wie die meisten von ihnen zueinander stehen. Wenn darüber nichts gesagt wird, wie z. B. beim Verhältnis zwischen Finns Mutter und Mia, werden keine Pfeile gezeichnet.

Die Personenkonstellation kann im Laufe der Lektüre durch weitere Pfeile ergänzt werden. Alternativ können die Schüler nach Abschluss der Lektüre die Personen neu arrangieren und durch einen Vergleich der beiden Bilder Entwicklungen aufzeigen. So muss beispielsweise der Abstand zwischen Finn und seinen Freunden Benny und Kurt am Ende deutlich größer dargestellt werden, während der Abstand zwischen Finn und Mia sich verringert.

Erläutern Sie gegebenenfalls die Bedeutung der Pfeilrichtung: Wer empfindet das jeweilige Gefühl wem gegenüber? Nur wenn beide Figuren das Gefühl füreinander teilen, ist ein Doppelpfeil (also ein Pfeil mit zwei Spitzen) angebracht.

Mögliche Lösung

Aufgabe 1:

Finn: hilflos, nachgiebig, unterwürfig, einfühlsam, verunsichert

Mia: merkwürdig, konsequent, gutmütig, friedfertig, hilflos

Benny: ironisch, selbstbewusst, selbstgerecht, streitlustig, aggressiv

Kurt: streitlustig, hartherzig, berechnend

Finns Mutter: temperamentvoll, überfordert, verunsichert

Finns Vater: konsequent, fair, kritisch, selbstsicher

Aufgabe 2:

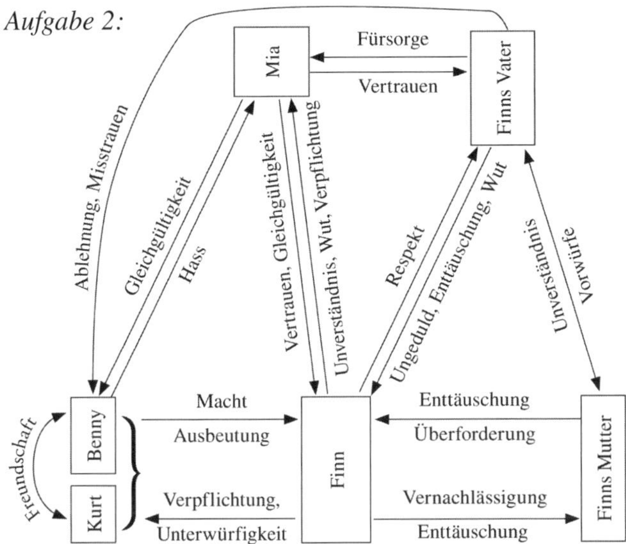

KV Seite 12

Erziehungsprobleme

Die Konstellation zwischen Finn und seinen Eltern wurde bereits auf der vorherigen Kopiervorlage thematisiert. Darauf aufbauend sollen sich die Schüler nun noch eingehender in die Rolle des Vaters und der Mutter in einem Moment großer Hilflosigkeit und Verzweiflung versetzen. Vor der Ausgestaltung des Dialogs, die in Partnerarbeit stattfinden kann, können im Plenum folgende Fragestellungen besprochen werden: Welche emotionale Grundhaltung haben Vater und Mutter zueinander? Was verbindet sie als ehemaliges Paar oder was hat sie einmal verbunden? Welche Lebensumstände und Probleme beschäftigen sie heute? Was trennt und verbindet sie als gemeinsam erziehende Elternteile? Welche (Selbst-)Vorwürfe könnten sie sich machen?

Trotz aller Meinungsverschiedenheiten und gegenseitigen Vorwürfe ist davon auszugehen, dass Finns Eltern beide daran interessiert sind, dass sich ihr Sohn zu einem glücklichen und verantwortungsbewussten Menschen entwickelt. Fraglich ist, ob sie sich darüber einigen können, wie dies am besten zu erreichen ist.

Finns Frustration angesichts der zahlreichen Auseinandersetzungen zwischen seinem Vater und seiner Mutter wird auf Seite 15 im Buch geschildert: „Kaum treffen seine Eltern aufeinander, da streiten sie schon wieder." Welche Gefühle und Gedanken das heimlich belauschte Gespräch hervorruft, ist davon abhängig, welchen Verlauf die Schüler ihrem Dialog geben.

Eine zerbrochene Familie?

Diese Kopiervorlage weitet den Blick und fasst die Gesamtsituation von Finns Familie ins Auge. Jede Trennung ist für die beteiligten Eltern und Kinder schmerzhaft. Wenn es jedoch beiden Elternteilen gelingt, eine enge und positive Bindung zu ihren Kindern aufrechtzuerhalten, bestehen gute Chancen, dass das Gefühl des Verlusts und des Scheiterns nicht dauerhaft die Oberhand gewinnt.

Finn wächst nach der Trennung der Eltern zunächst bei seiner Mutter auf. Nach der Geburt der Halbschwester ist die Bindung zwischen der Mutter und ihm aber nicht stark genug, um Finn Rückhalt geben zu können. In der kritischen Phase der Pubertät fehlt ihm eine stabile, Struktur gebende erwachsene Bezugsperson. Deshalb gerät er an Benny und Kurt, die ihm keine echten Freunde sind, ihm aber das Gefühl vermitteln, gebraucht zu werden. Der Vater seinerseits ist eine Beziehung zu einer Frau eingegangen, die eine Tochter mit einer Entwicklungsstörung hat. Auch hier ist es für Finn nicht einfach, die Aufmerksamkeit zu bekommen, die er braucht.

Inzwischen werden 50 % aller in Deutschland geschlossenen Ehen innerhalb von sieben Jahren wieder geschieden. 200 000 Paare trennen sich jedes Jahr, wobei nur die verheirateten Paare berücksichtigt werden. Mehr als die Hälfte aller geschiedenen Mütter und Väter hat nach einem Jahr wieder einen neuen Partner. Drei von zehn Kindern erleben bis zu ihrem 18. Lebensjahr mindestens eine Patchwork-Konstellation.

Mögliche Lösung

Aufgabe 1:

Negative Aspekte:

- zwischen den Eltern herrscht nach der Scheidung immer noch eine angespannte Stimmung und sie streiten viel
- die Mutter hat durch die Geburt der kleinen Halbschwester kaum noch Zeit für Finn
- beide Eltern sind berufstätig und haben wenig Zeit für Finn
- sie drohen ihm mit dem Internat, sollte es (weiterhin) Probleme geben

Positive Aspekte:

- beide Eltern teilen sich das Sorgerecht
- Finn kann den Vater regelmäßig am Wochenende besuchen
- beide sind um Finn und seine Zukunft besorgt
- beide Elternteile haben durch ihre neuen Partner eine Art Ersatzfamilie für Finn

Aufgabe 2:

Als mitentscheidend dafür, dass man Finns Familie zu Recht als „zerbrochen" bezeichnen kann, erscheint die Tatsache, dass die Situation zwischen Vater und Mutter nicht befriedet ist; beim Aufeinandertreffen der beiden flammen alte Streitigkeiten wieder auf. Zudem scheinen sich die Eltern in Erziehungsfragen nicht einig zu sein und wirken überfordert, was sich in der Drohung manifestiert, Finn ins Internat zu stecken.

KV Seite 14

Patchworkfamilie

Zunächst versetzen sich die Schüler noch einmal in Finns Lage, indem sie Vorwürfe näher betrachten, die er seiner Mutter und ihrem Lebensgefährten machen könnte. Die meisten dieser Vorwürfe können so oder ähnlich in vielen Familien auftauchen, was die Identifikation der Schüler erleichtert und ein anschließendes Gespräch über die unterschiedlichen Gewichtungen nahelegt.

Danach nimmt die Kopiervorlage das Phänomen „Patchwork" grundsätzlicher unter die Lupe. Patchwork ist die Herausforderung, aus Familienmitgliedern mit ganz unterschiedlichen Geschichten eine neue Familie zu bilden. Fast jeder hat inzwischen eine oder mehrere solcher Familien im Bekanntenkreis. Mit jeder neuen Patchworkfamilie entsteht ein Geflecht aus Bluts-, Wahl- und unfreiwilligen Verwandten, die miteinander auskommen müssen, weil zwei Menschen beschlossen haben, eine neue Beziehung einzugehen. Das ist nicht einfach, denn diese Familien beginnen ihre Geschichte nicht auf einem unbeschriebenen Blatt Papier, sondern oft auf den Ruinen einer oder mehrerer vorangegangener Familien.

Bevor die Schüler die zweite Aufgabe bearbeiten, bietet es sich an, ein Klassengespräch über die eigenen Familiensituationen zu führen. Voraussetzung dafür ist ein solides Vertrauensverhältnis zwischen den Schülern. Im Austausch über eigene positive, aber auch negative Erfahrungen können Ideen gesammelt werden, die zu einem Gelingen von Patchworkfamilien beitragen.

Mögliche Lösung

Aufgabe 2:

P Probleme offen ansprechen
A anderen zuhören
T tolerant sein
C Charakterunterschiede akzeptieren
H Hilfe geben und annehmen
W Wandel akzeptieren
O Offenheit
R Respekt, Regeln aufstellen und einhalten
K keine Nähe erzwingen, kreativ sein
F Freizeit gemeinsam gestalten, Fragen stellen
A andere Erfahrungen/Meinungen akzeptieren
M mitgestalten, mitreden, mitfeiern
I im Gespräch bleiben
L Lernbereitschaft
I immer fair bleiben
E ehrlich und einfühlsam mit Verletzungen umgehen

Gesprächs- und Schreibanlässe

Jugendliches Risikoverhalten

- Im Roman wird das räuberische Vorgehen der Jungen als „Kinderspiel ohne großes Risiko" bezeichnet. Wie wirkt diese Umschreibung auf euch?
- Wie könnten die drei Jungen auf diese Art der Geldbeschaffung gekommen sein? Was versteht ihr unter der Formulierung „Geld verdienen"?
- Wie gelingt es Kurt, dass ihn Benny und Finn als Anführer akzeptieren? Sprecht über sein Auftreten, seine Haltung und seine Ausdrucksweise.

Reden und Schweigen

- Warum schweigt Finn bei allen Anschuldigungen, die die Erwachsenen ihm gegenüber äußern? Welche unterschiedlichen Stimmungen und Motive könnten hinter diesem Schweigen verborgen sein?

- Mia ist für Finn wie ein Alien, das auf der Erde zu Besuch ist und die Regeln des Redens und Schweigens nicht kennt. Ist es nachvollziehbar, dass er ihr einen Denkzettel für ihre Aussage verpassen möchte?

Rechtsfragen
- Erkundigt euch, wie eine Zeugenbefragung auf einer Polizeistation abläuft.
- Es ist verboten, Tiere auf den Friedhof mitzunehmen. Dieses Verbot gilt vor allem für Hunde. Stellt Vermutungen über den Grund dafür an.

Schulwechsel
Ein Schulwechsel ist immer eine besondere Situation. Welche Probleme und unangenehmen Situationen kommen auf einen Schüler zu, der mitten im Schuljahr die Schule wechselt? Sortiert eure Gedanken auf Farbkarten nach folgenden Schwerpunkten: Schulalltag, Klasse/Mitschüler, Unterrichtsstoff, Lehrer, Freunde.

Entwickelt gemeinsam Vorschläge, wie Schülern geholfen werden kann, die während des Jahres neu in eine Klasse kommen.

Kreativ aktiv

Ein Plakat gestalten
Die Diebstahlserie auf den Friedhöfen ist bereits bekannt. Entwickle ein Plakat, das Besucher vor den Überfällen warnt.

Notlügen
Notlügen kommen nach Finns Ansicht immer dann zum Einsatz, „wenn es darum geht, einen guten Freund nicht zu verpetzen“ (S. 28). Sammelt gemeinsam Beispiele für Notlügen im Schulalltag. Sortiert diese danach, ob sie aus eurer Sicht moralisch akzeptiert werden können oder nicht. Besonders ausgefallene oder absurde Notlügen könnt ihr zusätzlich illustrieren.

Ein Kinderspiel

Der Roman „Planet Mia" beginnt auf einem Friedhof:

Es ist ein regnerischer Tag, der Himmel von dunklen Wolken bedeckt. Ein Tag wie geschaffen für das, was sie vorhaben. Um diese Zeit sind aber ohnehin nur wenige Menschen auf dem Friedhof und das ist gut so. (…) Ein Kinderspiel ohne großes Risiko. (Seite 7 f.)

Wie könnte der Roman an dieser Stelle weitergehen? Notiere in Stichpunkten zwei Möglichkeiten, die ganz unterschiedlich sein können.

Suche zu dem Begriff „Angst" und dem dazugehörigen Wortfeld möglichst viele passende Begriffe und trage sie ein.

Verben

sich ängstigen, zittern

Adjektive

ängstlich

ANGST

Nomen

Furcht, Angstschweiß

Redensarten

ihm rutscht das Herz in die Hose

Die Personen

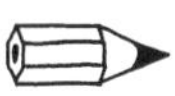

In den ersten drei Kapiteln hast du schon einige Personen kennengelernt. Welche Eigenschaften haben sie? Du kannst aus den folgenden Begriffen auswählen.

merkwürdig | überlegt | selbstbewusst | stur | spontan | hartherzig

nachgiebig | berechnend | unterwürfig | humorvoll | streitlustig | fair

naiv | kritisch | temperamentvoll | rechthaberisch | selbstsicher

konsequent | ungebildet | ironisch | selbstgerecht | romantisch

verantwortungslos | hinterhältig | überfordert | gebildet | friedfertig

aggressiv | gutmütig | einfühlsam | hilflos | verunsichert

Finn: ______________________________

Mia: ______________________________

Benny: ______________________________

Kurt: ______________________________

Finns Mutter: ______________________________

Finns Vater: ______________________________

Wie stehen die Personen zueinander in Beziehung? Schneide die einzelnen Figuren aus und ordne sie auf einem DIN-A4-Blatt so an, dass deutlich wird, wer wem wie nahe steht. Zeichne Pfeile oder Doppelpfeile, die diese Bindungen verdeutlichen, und beschrifte sie mit treffenden Begriffen, z.B.: Vertrauen, Freundschaft, Wut …

Erziehungsprobleme

Finns Vater und seine Mutter haben sich immer mehr entfremdet und schließlich scheiden lassen. Dennoch sind beide für Finns Erziehung verantwortlich.

 Entwickle ein Gespräch zwischen den Eltern, in dem die beiden darüber diskutieren, wie sie mit Finn nach dem Polizeiverhör umgehen sollen.

Stell dir vor, Finn würde seine Mutter und seinen Vater bei diesem Gespräch belauschen. Was fühlt er wohl dabei? Wähle zwei der vorgegebenen Begriffe aus und formuliere dazu passend Finns Gedanken.

Trauer | Neugier | Wut | Ärger | Enttäuschung | Erleichterung

Eine zerbrochene Familie?

Suche im 2. und 3. Kapitel Informationen über Finn und seine Familie. Welche Entwicklungen und Ereignisse waren für Finn belastend, welche haben ihm Sicherheit gegeben?

Trage die negativen Aspekte stichwortartig in die eckigen Felder ein, die positiven in die runden.

Entscheide nun, ob Finn in einer zerbrochenen Familie aufwächst. Kreise dafür die wichtigsten Aspekte von oben ein und begründe, warum du sie für entscheidend hältst.

Patchworkfamilie

Finn lebt nach der Scheidung seiner Eltern bei seiner Mutter und ihrem neuen Lebensgefährten. Welche Vorwürfe könnte er ihnen machen?

 Nummeriere die Vorwürfe nach ihrer Wichtigkeit für Finn. Schreibe vor den schwerwiegendsten Vorwurf eine 1.

	Charlotte ist immer wichtiger als ich!
	Ihr habt gar keine Zeit mehr für mich!
	Egal was ich mache, ich fühle mich immer ausgeschlossen!
	Wir unternehmen überhaupt nichts mehr zusammen!
	Ihr seid nur noch müde und genervt!

Patchworkfamilie – Was bedeutet das?
Wenn ein Elternteil mit Kind eine Beziehung mit einem neuen Partner einging, bezeichnete man diesen Partner früher als Stiefmutter oder Stiefvater des Kindes. Heute nennt man eine neu zusammengesetzte Lebensgemeinschaft Patchworkfamilie. Man schätzt, dass jede siebte Familie als Patchworkfamilie zusammenlebt. Dabei gibt es zahlreiche Variationen: Mutter und Vater – oder nur einer von beiden – können Kinder mit in die neue Partnerschaft bringen. Manchmal leben die Kinder aus einer früheren Beziehung bei dem Ex-Partner und sind nur am Wochenende da. Oft kommen auch noch gemeinsame Kinder aus der neuen Beziehung dazu. Jede Patchworkfamilie ist anders in ihrer Entstehungsgeschichte, ihrer Zusammensetzung und ihrem täglichen Familienleben. Es gibt keine Patentrezepte, wie aus den einzelnen Familienmitgliedern eine gut funktionierende Familie entsteht. Doch es gibt verschiedene Möglichkeiten, das Zusammenwachsen der Familie zu erleichtern.

 Schreibe zu den Anfangsbuchstaben des Wortes möglichst viele Vorschläge, die dabei helfen können, das Zusammenleben innerhalb einer Patchworkfamilie zu erleichtern.

P Probleme offen ansprechen

A ____________________ F ____________________

T ____________________ A ____________________

C ____________________ M ____________________

H ____________________ I ____________________

W ____________________ L ____________________

O ____________________ I ____________________

R ____________________ E ____________________

K ____________________

4. bis 6. Kapitel: Gerichtsverhandlung und fremde Planeten

Inhalt

(4. Kapitel) Am Tag der Gerichtsverhandlung macht Mia, die auffallend bunt angezogen ist, ihre Zeugenaussage. Sie berichtet wahrheitsgemäß vom Tathergang: Benny wollte die Tasche einer alten Dame stehlen, als diese plötzlich auftauchte und schrie. Kurt schubste die Dame auf den Boden, dann flohen die beiden Jungen. Mias Gedächtnis ist so gut, dass sie sich auch an Details wie Bennys Kette und Kurts Narbe erinnern kann. Benny reagiert wütend und droht Mia sogar vor den Augen des Richters. Nach Anraten ihrer Anwälte geben die drei Jungen schließlich ihre Tat zu. Finn ist erleichtert, dass nicht zur Sprache gekommen ist, woher die Polizei die Namen von Benny und Kurt erfahren hat.

Für Mia stellt die Gerichtsverhandlung eine große Belastung dar, da sie aus ihrem gewohnten Alltag herausgerissen worden ist. Während die Jungen auf das Urteil warten, hegt besonders Benny eindeutige Rachegedanken. Auch Finn zeigt Mia gegenüber schließlich die Wut, die seine Freunde sehen wollen. Das Strafmaß für Benny und Kurt, die bereits wegen anderer Diebstahlsdelikte zu Bewährungsstrafen verurteilt wurden, beträgt vier Wochen Jugendarrest, Finn wird wegen seiner Beteiligung an dem Diebstahl zu hundert Stunden Sozialleistung verurteilt. Bei der Urteilsverkündung kommt es zu einem irritierenden Zwischenfall, als Mia die Aussage des Richters, dass es für Finn bald „total finster" aussehen könne, wörtlich nimmt.

(5. Kapitel) Die Stimmung zu Hause bei Finns Vater ist gedrückt. Finn ist zwar wie Benny und Kurt davon überzeugt, dass Mia einen Denkzettel verdient hat, möchte aber auf alle Fälle vermeiden, in ein Internat zu kommen. Deshalb darf kein Verdacht auf ihn fallen. In der Schule wird Finn damit konfrontiert, dass Mia in der Stunde des neuen Geschichtslehrers Herrn Bielert die Kontrolle über sich verliert, weil die Bestuhlung wegen einer Diskussionsrunde verändert wurde. Beim Versuch, Mia zu beruhigen, legt der Lehrer den Arm um sie, was Mia mit einer brüsken Reaktion abwehrt: Sie stößt ihn zurück und verschwindet. Finn weiß, dass Mia in solchen Situationen vor den Physikraum flüchtet, wo die Sternkarten aufgehängt sind. Nicht nur ihr Spezialwissen über den Weltraum gibt ihr Sicherheit, sie trägt auch eine kleine Erdkugel aus Glas mit sich herum. Wenn Mia sich in ihre Spezialgebiete vertieft, ist ihr Redefluss kaum zu stoppen. Nur ein von ihrer Mutter entwickelter Code bringt sie dann zum Schweigen: „Erde an Planet Mia! Bitte kommen! Reden einstellen!" Schulisch hat Mia ihre Stärken in den naturwissenschaftlichen Fächern, Deutsch bereitet ihr enorme Schwierigkeiten. Auch ist sie nur schwer in der Lage, sich selbst zu organisieren und Hausaufgaben selbstständig zu erledigen. Nach einem Disput mit der Deutschlehrerin Frau Gerlach wegen nicht erledigter Hausaufgaben zeichnet Mia das Emblem der Menschheit an intelligente Zivilisationen in ihr Heft, weshalb sie zum Direktor muss.

(6. Kapitel) Mia, die keine echten Freundinnen hat, geht meistens allein und zügig nach Hause. Finn hingegen trödelt gerne. An einem Tag aber sind sie gemeinsam unterwegs und treffen auf Benny und Kurt. Diese reagieren erbost, als sie Finn in Mias Begleitung sehen, und bezeichnen ihn als Verräter. Sie fordern Finn auf, am Nachmittag zum Bauplatztreffpunkt zu kommen, worauf Mia erwähnt, dass Finns Vater dies verboten habe. Benny wird so wütend, dass er Mia packt, schüttelt und zu Boden wirft, wo sie kurz regungslos liegen bleibt.

Obwohl Finn sich vor der Konfrontation mit seinen „Freunden" fürchtet, geht er zum Treffpunkt. Bereits am nächsten Tag müssen die beiden ihren Arrest antreten. Benny ist von seinem Vater zu Hause rausgeworfen worden und schläft jetzt bei seiner Oma auf dem Sofa. Finn versucht Benny und Kurt Mias Verhalten zu erklären und schildert den beiden, dass sie als Asperger-Autistin in einer eigenen Gedanken- und Wahrnehmungswelt lebt. Benny und Kurt verfolgen seine Ausführungen mit großem Interesse, jedoch nur, weil sie dieses Wissen gegen Mia verwenden wollen. Sie zwingen Finn, noch am gleichen Tag in Mias Zimmer Unordnung zu schaffen, damit sie in Panik gerät. Als Beweis für seine Tat soll Finn ihnen ein Foto schicken.

Zu Hause ist Finn allein. Er betritt Mias Zimmer, in dem ihre Sammlungen von Murmeln und Dinosauriern sowie ihre Sternenwelt ordentlich voneinander getrennt sind. Dem Druck von Benny und Kurt nachgebend, schüttet er die Murmeln auf den Boden, legt einige der Dinosaurierfiguren dazwischen und fotografiert das Ganze. Er möchte die Unordnung wieder beseitigen, wird aber von Mia überrascht, die entsetzt aufschreit. Als sie versucht, das Chaos zu sortieren, fotografiert er sie und schickt das Bild an Benny und Kurt, die ihn für seine Tat loben.

Unterrichtsschwerpunkte

- Gerichtsverfahren und Jugendstrafen
- Mia und ihr Leben als Asperger-Autistin

Zu den Kopiervorlagen

Die Gerichtsverhandlung

Im 4. Kapitel des Buches wird die Gerichtsverhandlung geschildert. Mit dieser Kopiervorlage schlüpfen die Schüler selbst in die Rolle des Richters und des Verteidigers. Nah am Buchtext aus dem 1. Kapitel arbeiten sie zunächst Belastendes und Entlastendes für Finn aus dem Verhalten und den Aussagen der drei Jugendlichen heraus. Die Arbeit mit dem anschließenden Fehlertext dient gleichzeitig als Hilfe zur Formulierung eines eigenen Verteidigungstextes.

Finn muss als Mittäter sicherlich einen Teil der Schuld auf sich nehmen, ist aber nicht hauptverantwortlich für die Geschehnisse auf dem Friedhof. Darüber hinaus ist beim Urteil sein Alter und die Tatsache zu berücksichtigen, dass er noch nicht vorbestraft ist.

Das Jugendgericht

Über strafrechtliche Konsequenzen auf das Verhalten von Jugendlichen und Heranwachsenden entscheidet grundsätzlich das Jugendgericht (spezieller Amtsrichter, bei schweren Delikten zusammen mit zwei Jugendschöffen, bei sehr massiven Straftaten als erstinstanzliches Gericht die Jugendkammer beim Landgericht). Lediglich im unteren Deliktbereich und wenn die Straftat nicht bestritten wird, kann schon die Staatsanwaltschaft ohne oder mit bestimmten Auflagen von weiterer Strafverfolgung absehen. Ziel ist in jedem Fall eine erzieherisch angemessene Reaktion, die die Wahrscheinlichkeit von Wiederholungstaten möglichst gering hält und bei Erziehungsbedarf ggf. die notwendigen Einwirkungen sichert. Um dies überprüfen zu können, soll das Jugendamt vom Vorwurf einer Straftat eines bis einschließlich 20-Jährigen von der Polizei verständigt werden. (Siehe auch: *http://www.blja.bayern.de/themen/jugendgerichtshilfe/index.html*)

Lösung

Aufgabe 1:

Belege für Finns Schuld im Text: Finn wird zum Mittäter, weil er Wache hält (S. 7 f.); Finn weiß, wie der Diebstahl ablaufen wird (S. 8); Finn erklärt klar und deutlich, an der Aktion teilnehmen zu wollen (S. 8); Finn flüchtet wie Benny und Kurt vom Friedhof (S. 12).

Belege für Finns Unschuld im Text: Kurt verteilt die Aufgaben (S. 7); Benny und Kurt sind es, die die Taschen an den Gräbern entwenden (S. 8); Kurt bestimmt die Kleidung (S. 11); Finn kommt zurück auf den Friedhof, weil er sich Sorgen um Mia macht (S. 12 f.).

Aufgabe 2:

(Fehler unterstrichen) Laut Aussagen verschiedener Zeugen kann zweifelsfrei belegt werden, dass Finn Hoffmann die Diebstahlserie hauptverantwortlich geplant und seine Mittäter dazu gebracht hat, die Raubzüge systematisch durchzuführen. Er war es, der die Taten koordiniert hat. Dabei hat er sich selbst im Hintergrund gehalten, während die anderen Jungen die Handtaschen entwendet haben. Die Skrupellosigkeit, mit der die Jungen gehandelt haben, wurde an der gewaltsamen Körperverletzung gegen die alte Dame deutlich, die sich arglos und nichts ahnend um die Pflege eines Grabes kümmern wollte. Finn Hoffmann war sogar so gewissenlos, dass er nach der Tat auf den Friedhof zurückgekehrt ist, nur darauf bedacht, die Zeugin Mia Ginger abzupassen, um sie zu zwingen, keine Angaben zum Vorfall zu machen. Obwohl Finn Hoffmann bisher keine anderen Straftaten angelastet werden konnten, ist seine Hauptschuld bei der Diebstahlserie und vor allem bei diesem räuberischen Überfall zweifelsfrei erwiesen.

Mögliche Gegendarstellung des Verteidigers: Ich bin fest davon überzeugt, dass mein Mandant Finn Hoffmann nicht für den räuberischen Überfall zur Verantwortung gezogen werden kann. Meiner Meinung nach hatte Finn keine Wahl anders zu handeln, schließlich wurde es ihm von seinen sogenannten Freunden befohlen, die ihn emotional unter Druck gesetzt haben. In der Situation hätte jeder instabile, verunsicherte junge Mensch so gehandelt und getan, was man von ihm verlangt. Finn ist ein entwurzelter Junge, der von seinen Eltern in den letzten Jahren nicht genug Liebe und Fürsorge erfahren hat. Er hatte weder bei seiner Mutter noch bei seinem Vater ein stabiles Zuhause und ist deswegen an ältere Jugendliche geraten, die seine Unsicherheit ausgenutzt und ihn durch Versprechungen und Drohungen dazu gebracht haben, bei den Überfällen den Beobachterposten einzunehmen, also ihre Straftaten zu decken. Vielleicht könnte man ihm zur Last legen, dass er sich nicht entschieden genug dagegengestellt und den beiden anderen Jungen die Tat nicht ausgeredet hat. Doch das hat er nicht getan, weil er seine Freunde nicht verlieren wollte. Deshalb bin ich der Meinung, dass Finn unschuldig ist. Er hat nichts anderes getan, als sich an dem besagten Abend auf dem Friedhof aufzuhalten.

KV Seite 21

Irgendwie anders

In den ersten sechs Kapiteln des Buches erfahren die Schüler durch die geschilderten Ereignisse, aber auch durch Rückblenden und Meinungsäußerungen anderer Personen eine ganze Menge über Mias spezielles Verhalten und ihre Vorlieben. Obwohl sie sich äußerlich höchstens durch ihre Kleidung von anderen Kindern und Jugendlichen unterscheidet, lebt Mia in einer eigenen Wahrnehmungs- und Empfindungswelt.

Bevor die folgende Kopiervorlage sich der Romanfigur systematischer nähert, markieren die Schüler in der ersten Aufgabe zunächst passende und unpassende Begriffe. Anschließend liefert ein Text grundlegende Informationen zum Asperger-Syndrom. Viele der genannten Symptome sind im Buch erkennbar und werden von den Schülern gekennzeichnet, gegebenenfalls mit Seitenbelegen. Ergiebig ist diesbezüglich auch das 7. Kapitel (S. 67–70), auf das an dieser Stelle vorgegriffen werden kann.

Über diese Grundinfos hinaus kann das Thema auf vielfältige Art und Weise im Unterricht vertieft werden. Eine ausführliche Literatur- und Filmliste bietet Wikipedia zum Stichwort „Asperger-Syndrom“. Einblicke in die Welt, wie Autisten sie wahrnehmen, liefert folgende Filmreportage: *http://www.planet-schule.de/sf/filme-online.php?reihe=966&film=8065*

Lösung

Aufgabe 1:

Unpassende Begriffe sind: Mode, Abenteuer, Humor, Kino, Notlügen, Liebesromane, Freundinnen, Deutsch, Make-up, Sprachreisen

Planet Mia

Diese Kopiervorlage hilft bei der Ausarbeitung einer Figurencharakteristik von Mia. Durch gezieltes Sammeln von aussagekräftigen Textstellen sollen die Schüler Übung darin bekommen, eine Romanfigur unter verschiedenen Aspekten unter die Lupe zu nehmen. Wichtig ist es dabei, zu unterscheiden, ob es sich um Schilderungen des Erzählers oder um Gedanken bzw. Meinungsäußerungen anderer Romanfiguren handelt. Der Pfeil zwischen dem linken und dem rechten Kasten auf der Kopiervorlage macht deutlich, dass sich aus Mias konkretem Verhalten charakterliche Besonderheiten ableiten lassen. Andere Eigenarten der Figur lassen sich dem Text direkt entnehmen (vgl. z. B. S. 51–55). Äußerlichkeiten werden hier zwar gesammelt, sind aber für die Charakteristik nur von Belang, sofern sie Rückschlüsse auf das Innenleben der Figur zulassen.

Die drei Pünktchen hinter einigen Seitenangaben deuten darauf hin, dass sich die Sammlung von Textstellen auch über das 6. Kapitel hinaus fortsetzen lässt. Eine geeignete Stelle dafür findet sich z. B. auf den Seiten 67 bis 70, also im 7. Kapitel. Wenn die Schüler die Vorlage nicht als Muster verwenden, sondern direkt mit ihr arbeiten, bietet es sich an, sie vergrößert zu kopieren.

Lösung

Aussehen/Auftreten: lange, schwarze Haare (S. 7); monotone Stimme (S. 28); blaue Augen; zieht sich „total ver-

rückt“ an; verzieht meist keine Miene (S. 30), reagiert aber extrem auf Abweichungen (S. 35 u. a.); weint nicht (S. 53)

Lebensumstände: Vater vor sechs Jahren gestorben (S. 9); lebt seit vier Jahren mit ihrer Mutter bei Finns Vater, jetzt zieht auch Finn dazu (S. 19 f.)

Einschätzungen anderer Figuren: „heiße Braut“, „lange Beine“ (Benny, S. 7); „benimmt sich wie ein Alien, der auf der Erde zu Besuch ist“ (Finn, S. 28); „eigentlich wunderschön“ (Finn, S. 30); „Die spinnt doch …“ (Kurt, S. 31); „Sehen Sie nicht, dass die irre ist?“ (Benny, S. 37); „Wenn Mia sich wie eine Verrückte benimmt, soll sie doch auf eine Behindertenschule gehen.“ (Herr Bielert, S. 42); „… deine Schwester hat echt ’nen Schaden.“ (Marlon, S. 50); „Petze bleibt Petze!“ (Benny, S. 54); „Sie ist nur anders. Für Mia sind wir die Verrückten.“ (Finn, S. 55)

Verhalten in bestimmten Situationen
Auf dem Friedhof: nimmt Kater mit; „Gesicht zeigt keine Überraschung“; geht seit sechs Jahren immer mittwochs zum Grab des Vaters (S. 9); achtet nicht auf ihre Umgebung (S. 11); gibt den Polizisten Auskunft (S. 13)
Zu Hause: Alltag ist klar strukturiert (S. 26); in Mias Zimmer darf seit Jahren nichts verändert werden (S. 55), alles ist sorgfältig geordnet (S. 57)
Im Gerichtssaal: ist aufgeregt; sieht am Richter vorbei; benennt ihr Alter bis auf die Sekunde (S. 30); reagiert gehorsam auf Anordnung des Richters (S. 31); erinnert sich an viele Details (S. 33); versucht sich hinter ihren Haaren zu verstecken, Oberkörper schaukelt vor und zurück (S. 35); nimmt eine Aussage des Richters wörtlich und widerspricht ihm; zieht verwunderte Blicke und verblüfftes Gemurmel auf sich (S. 36 f.)
In der Schule: ist in der 7. Klasse; sitzt ganz vorne (S. 23); schreit, wenn sich ein Vertretungslehrer nicht an den Stoff hält (S. 35); reagiert panisch, weil die Sitzordnung geändert wurde; stößt einen Lehrer weg, weil er sie berührt (S. 40 f.); verschwindet, wenn der Tagesablauf sich ändert, setzt sich vor Physiksaal und betrachtet die Karte des Universums (S. 42 ff.); gute Schülerin, speziell in Naturwissenschaften; hat Probleme bei Hausaufgaben; hat lange gebraucht, um Schulregeln zu lernen, beachtet sie jetzt sehr genau (S. 47 f.); mag keine Aufsätze (S. 48)

Eigenarten/besondere Fähigkeiten: sagt immer die Wahrheit, kennt keine „Notlügen“ (S. 28 u. a.); ihr Leben läuft nach klaren Regeln, Abweichungen machen Mia Angst, dann flattern ihre Hände, sie schlägt wild um sich, schreit, wird ganz still, beruhigt sich mit ihrer Murmel oder verschwindet einfach (S. 35 u. a.); in Mias Kopf „hat immer nur ein Gedanke Platz“ (S. 27); „wild blitzende Augen und wütend verzogene Gesichter“ bedeuten ihr nichts (S. 29); hat keinen Sinn für Farben, kein Interesse an Mode (S. 30); hat fotografisches Gedächtnis (S. 31), sieht Gesichter aber nur verschwommen (S. 33 f.); versteht keine Redensarten/Metaphern (S. 36 f. u. a.); hasst es, wenn man sie anfasst (S. 41), nur ihr Kater darf ihr nah sein (S. 53); kennt sich sehr gut mit Sternen, Planeten (S. 44 f.) und mit Dinosauriern (S. 57) aus; durch einen Code kann ihr Redefluss gestoppt werden (S. 45 f.); kann Arbeiten nicht selbst organisieren (S. 47); ist überpünktlich (S. 51); hat keine Freundinnen; ist am glücklichsten, wenn sie alleine ist (S. 51 f.); weint nicht, kann keinen Schmerz empfinden (S. 53)

Gesprächs- und Schreibanlässe

Vor Gericht

- Wart ihr schon einmal bei einer Gerichtsverhandlung? Erzählt davon.
- Vergleicht die Gerichtsverhandlung im Roman mit denen, die im Fernsehen oder im Kino gezeigt werden. Wo findet ihr Gemeinsamkeiten, wo Unterschiede?

Jugendliche und Autismus

- Wie würdet ihr auf die unkontrollierten Abwehraktionen von Mia reagieren, wenn ihr nichts von ihrem Handicap wüsstet?
- Könnt ihr nachvollziehen, dass Herr Bielert fordert, Mia solle auf eine „Behindertenschule“ gehen? Sollten Schüler mit Handicap vom normalen Schulalltag ausgeschlossen werden? Entwickelt in Partnerarbeit ein schriftliches Streitgespräch. Nehmt ein DIN-A3-Blatt und nur einen gemeinsamen Stift, mit dem ihr abwechselnd schreibt. Einer von euch übernimmt die Rolle eines aufgeschlossenen Schülers, der Verständnis für Schüler mit Handicaps hat, der andere möchte nur mit Schülern ohne Handicap unterrichtet werden. Nehmt jeweils Bezug auf die Argumente eures Partners. Findet am Ende eine passende Überschrift für eure schriftliche Diskussion. Hängt euer Plakat auf und vergleicht eure Gedanken mit denen anderer. (Eine Vertiefung des Themas erfolgt mit der Kopiervorlage „Inklusion?“, S. 30.)
- Wer aus eurer Klasse hat ebenfalls ein außergewöhnliches Spezialwissen? Tragt dieses in Kurzreferaten vor.
- Finn erklärt Kurt und Benny, warum Mia so anders reagiert. Asperger-Autismus kürzt er durch „Aspi“ ab. Wie findest du diese Abkürzung? Gibt es für andere Behinderungen oder Erkrankungen ebenfalls Abkürzungen?

Verantwortung und Verpflichtung

- Warum geht Finn zu dem Treffen am Bauplatz, obwohl er sich bei dem Gedanken unwohl fühlt?
- Finn lässt es zu, dass ihn Kurt und Benny für ihre Rache einspannen, er wird in ihrem Auftrag zum Täter. Warum gelingt es ihm (noch) nicht, sich gegen die beiden zur Wehr zu setzen?

Kreativ aktiv

Unmöglich kombiniert

Suche aus verschiedenen Werbeprospekten oder aus Modezeitschriften ähnliche Kleidungsstücke heraus, wie sie Mia am Tag der Gerichtsverhandlung trägt, und fertige daraus eine Collage. Welche anderen unmöglichen Kombinationen könnte sie tragen? Welche Schlüsse lassen sich daraus ziehen?

Planetenrätsel

Entwickelt ein Rätsel über Sterne und Planeten und greift dabei auch auf die Informationen der Seiten 44 f. im Buch zurück. Eine Möglichkeit ist ein Kreuzworträtsel mit dem Lösungswort „Mia Ginger".

Mias Zimmer

Male einen Ausschnitt aus Mias Zimmer und berücksichtige dabei die Angaben von Seite 57 aus dem Buch.

Fotostory

Stellt die Szene in Mias Zimmer aus dem 6. Kapitel in vier Sequenzen nach: a) das aufgeräumte Zimmer, b) Finn schafft Unordnung, c) Mia überrascht ihn dabei, d) Mia versucht, wieder Ordnung zu schaffen.

Macht von jeder Sequenz ein Foto und druckt die Bilder aus. Ergänzt sie durch Gedanken- und Sprechblasen zu Finn und Mia.

Die Gerichtsverhandlung

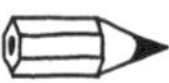

Im 4. Kapitel wird die Gerichtsverhandlung beschrieben. Formuliere in Stichworten, welche Aspekte für und gegen eine Verurteilung Finns sprechen. Beziehe dich dabei auf konkrete Textstellen aus dem 1. Kapitel.

Anklage Belege für Finns Schuld im Text:	**Verteidigung** Belege für Finns Unschuld im Text:
______________________________	______________________________
______________________________	______________________________
______________________________	______________________________
______________________________	______________________________
______________________________	______________________________
______________________________	______________________________
______________________________	______________________________
______________________________	______________________________
______________________________	______________________________
______________________________	______________________________
______________________________	______________________________

Überprüfe, ob die nachfolgende Darstellung des Staatsanwalts den Ereignissen im Roman entspricht. Markiere Fehler in seinen Aussagen. Formuliere im Anschluss ein Plädoyer der Verteidigung.

Laut Aussagen verschiedener Zeugen kann zweifelsfrei belegt werden, dass Finn Hoffmann die Diebstahlserie hauptverantwortlich geplant und seine Mittäter dazu gebracht hat, die Raubzüge systematisch durchzuführen. Er war es, der die Taten koordiniert hat. Dabei hat er sich selbst im Hintergrund gehalten, während die anderen Jungen die Handtaschen entwendet haben. Die Skrupellosigkeit, mit der die Jungen gehandelt haben, wurde an der gewaltsamen Körperverletzung gegen die alte Dame deutlich, die sich arglos und nichts ahnend um die Pflege eines Grabes kümmern wollte. Finn Hoffmann war sogar so gewissenlos, dass er nach der Tat auf den Friedhof zurückgekehrt ist, nur darauf bedacht, die Zeugin Mia Ginger abzupassen, um sie zu zwingen, keine Angaben zum Vorfall zu machen. Obwohl Finn Hoffmann bisher keine anderen Straftaten angelastet werden konnten, ist seine Hauptschuld bei der Diebstahlserie und vor allem bei diesem räuberischen Überfall zweifelsfrei erwiesen.

Irgendwie anders

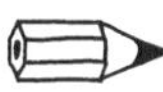

Welche der hier aufgeführten Begriffe gehören zu Mias Welt? Markiere sie und streiche die unpassenden Begriffe durch.

Ordnung | Mode | Kater M 42 | Abenteuer | Physik | Humor | Kino

Notlügen | Liebesromane | Rituale | Friedhofsbesuche | Freundinnen

Dinosaurier | Pünktlichkeit | Mathematik | Struktur

Glasmurmel | fotografisches Gedächtnis | Deutsch | fester Tagesablauf

Make-up | Wahrheit | Sprachreisen | Unsicherheit | Besserwisserei

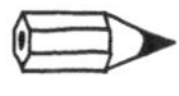

Lies die Definition zum Asperger-Syndrom und markiere, welche der Symptome auf Mia zutreffen.

Das Asperger-Syndrom ist eine Behinderung aus dem autistischen Spektrum und gehört zu den tief greifenden Entwicklungsstörungen. Der Namensgeber, der österreichische Kinderarzt Hans Asperger, beschrieb 1944 seine jungen Patienten folgendermaßen:

- Störungen in Blickkontakt, Körpersprache, Gestik und Sprachgebrauch
- im normalen alltäglichen Umgang mit anderen keine natürliche, altersgemäße Kommunikation
- Körperhaltung und Gesten nicht im Bezug zur Situation
- motorische Ungeschicktheit, die künstlich oder seltsam wirkt
- Tonfall und Wortwahl auffällig
- gut entwickelte sprachliche Kompetenz, aber monotone Sprachmelodie oder eine „erwachsene", belehrende Ausdrucksweise
- Schwierigkeiten bei spontaner verbaler Kommunikation
- Diskrepanz zwischen Intelligenz und Gefühlsleben

Kinder, die vom Asperger-Syndrom betroffenen sind, verfügen über eine normale Intelligenz, in Teilbereichen über eine intellektuelle Frühreife, haben ein gutes Sprachvermögen und kommen mit dem normalen Schulstoff zurecht. Auffällig sind ihre emotionale Distanz gegenüber Mitmenschen, ihre ausgeprägte motorische Ungeschicklichkeit und ihre speziellen Sonderinteressen und „Inselbegabungen".

Soziale Verhaltensweisen, Zusammenhänge, hierarchische Strukturen etc. lernen autistische Kinder nicht wie andere Kinder „nebenbei" durch Intuition, Beobachten oder Abschauen, sondern müssen dieses Verhalten erklärt bekommen und einüben. Soziale Signale können sie nicht selbst erkennen. Nonverbale Kommunikation, wie Gestik, Mimik, Körpersprache, Blicke, sind für diese Kinder nicht entschlüsselbar. Daher sind sie unsicher über die Gefühle und Intentionen anderer Menschen und verhalten sich anders, als es von ihnen erwartet wird. Im Zusammenleben ergeben sich Missverständnisse, worauf diese Kinder nicht angemessen reagieren, sondern entweder zu heftig, verzögert oder gar nicht; oder sie verfallen bei geringfügigen Anlässen in Panik oder Hysterie, wofür die Umwelt meistens kein Verständnis hat.

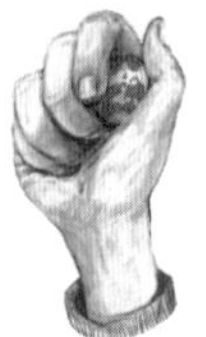

Planet Mia

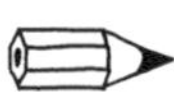

Was erfährst du im Buch über Mia? Ergänze in Stichworten, was zu den einzelnen Punkten gesagt wird. Notiere auch die entsprechenden Textstellen. Einige sind bereits vorgegeben.

Aussehen/Auftreten (S. 7, 28, 30 f., 35 …)

Lebensumstände (S. 9, 19 f.)

Einschätzungen anderer Figuren: Was sagen oder denken sie über Mia? (S. 7, 28, 30 f., 37, 42, 50 ff. …)

Verhalten in bestimmten Situationen

Auf dem Friedhof (S. 9 ff., 13)

Zu Hause (S. 26, 55–61 …)

Im Gerichtssaal (4. Kapitel)

In der Schule (S. 23, 35, 5. Kapitel …)

Eigenarten/besondere Fähigkeiten

7. bis 9. Kapitel: Rachepläne und Sozialstunden

Inhalt

(7. Kapitel) Mia bekommt zu ihrem 13. Geburtstag von ihrer Mutter, die selbst ein Tattoo-Studio besitzt, einen Gutschein für eine Tätowierung geschenkt. Auch auf diesem Gebiet verfügt Mia über ein enormes Faktenwissen. Sie möchte sich auf den rechten Oberarm das Sternbild des Orion stechen lassen. In der Schule findet an Mias Geburtstag ein Physiktest statt. Finn, der unvorbereitet ist, schreibt von ihr ab. Ohne nachzudenken, übernimmt er dabei auch eine merkwürdig aussehende Formel.

Am Nachmittag kommt Viola, die Mia Nachhilfeunterricht gibt und ihr grundlegende Regeln des menschlichen Zusammenlebens beibringt. Doch Themen wie Mode oder Verliebtsein, für die sich Mias Klassenkameradinnen brennend interessieren, erscheinen Mia unbedeutend bis absurd. Wie Vokabeln lernt Viola mit Mia, welcher Gesichtsausdruck zu welcher Situation passt.

Am nächsten Tag soll die Klasse ein Liebesgedicht von Goethe interpretieren, aber Mia ist angesichts der darin beschriebenen widersprüchlichen Gefühle vollkommen ratlos. Wütend rennt sie schließlich aus der Klasse.

(8. Kapitel) Nach vier Wochen ist der Jugendarrest von Benny und Kurt beendet. Finn hat sich seinerseits noch keine Gedanken darüber gemacht, wie und wo er seine hundert Sozialstunden ableisten wird. Bei ihrem ersten Treffen wollen Benny und Kurt sofort von Finn wissen, wie er in ihrer Abwesenheit die Rache an Mia vorangetrieben hat. Finn flüchtet sich in die Ausrede, dass Mia krank gewesen sei. Doch die beiden Jugendlichen tauchen bereits am folgenden Tag bei Finn auf und betreten uneingeladen das Haus. Ohne zu zögern, geht Benny in Mias Zimmer, blickt sich um und reißt mutwillig die Sternenkarte von der Wand. Danach verschwinden Benny und Kurt grinsend. Finn versucht den Schaden zu beheben, klebt das Bild und hängt es zurück an die Wand. Mia hat den gesamten Vorfall erstarrt und schweigend über sich ergehen lassen. Um ihr zu helfen, holt Finn ihren kleinen Kater M 42, das einzige Lebewesen, das Mia nah an sich heranlässt. Während sie an ihrem Referat arbeitet, das sie für ihre Verweigerung der Gedichtinterpretation halten muss, zieht sich Finn bedrückt in sein Zimmer zurück. Er spürt, dass Kurt und Benny keine Ruhe geben werden. Soll er es wagen, ihnen die Wahrheit zu sagen?

Am nächsten Tag in der Schule bekommt Mia für ihr Referat eine Eins. Ihren Vorschlag allerdings, Gedichtinterpretationen künftig immer durch selbst gewählte Referate zu ersetzen, lehnt die Lehrerin ab. Bei der Rückgabe des Physiktests wird offenkundig, dass Finn von Mia abgeschrieben hat, und er bekommt deshalb nur eine Vier.

(9. Kapitel) Noch am gleichen Tag wartet neuer Ärger auf Finn. Sein Vater ist sauer darüber, dass Finn sich noch nicht um die Ableistung seiner Sozialstunden gekümmert hat, und beschließt, sich selbst um eine geeignete Stelle zu kümmern. Finns Vater arbeitet in der Gärtnerei eines Jugenddorfs mit Jugendlichen, die an Regelschulen nicht zurechtkommen. Mia bekommt an diesem Tag ihr Tattoo und ist stolz auf ihr Sternenbild.

Bereits am nächsten Tag konfrontiert Finns Vater seinen Sohn damit, dass er während der Sommerferien seinen Sozialdienst in der Küche des Jugenddorfs ableisten muss – ausgerechnet in der Zeit, in der die Familie gemeinsam nach Lanzarote fliegen wird. Weil auch seine Mutter in den Ferien verreist sein wird, muss Finn außerdem für drei Wochen im Internat des Jugenddorfs leben. Diese Entwicklungen lassen Finns Zorn auf Mia erneut anwachsen.

In dieser Stimmung trifft er auf Benny und Kurt, die ihm hämisch berichten, dass sie Mias Schultasche in eine Pfütze geworfen haben. Trotz seiner Wut auf Mia widert Finn die Brutalität der beiden an. Ihm kommt sogar eine bissige Bemerkung zu Bennys Schulkarriere über die Lippen, auf die Benny sofort mit brutaler Gewalt reagiert. In der Schule ist Mias Platz leer. Finn findet sie vor der großen Sternentafel und es gelingt ihm, sie zu beruhigen. Mia ist von dem Überfall und der Reaktion ihrer Klassenkameraden auf ihr Tattoo allerdings so überfordert, dass sie wenig später die Schule verlässt und sich mit M 42 auf ihr Zimmer zurückzieht.

Unterrichtsschwerpunkte

- Gefühle wahrnehmen, erkennen, definieren
- Tätowierungen – eine Modeerscheinung?
- Inklusion als Möglichkeit der Schulentwicklung

Zu den Kopiervorlagen

So bin ich, wenn …

Mia hat enorme Schwierigkeiten, in unterschiedlichen Situationen bestimmte Gefühle und Stimmungen wahrzunehmen und auszudrücken. Nachdem die Schüler Einblicke in die andersartige Gefühlswelt von Menschen mit Autismus gewonnen haben, bekommen sie mit diesem Arbeitsblatt die Möglichkeit zur Selbstreflexion. Dabei kann deutlich werden, dass auch innerhalb der Klasse Gefühle nicht einheitlich mit bestimmten Situationen verbunden werden. Was für den einen unproblematisch ist, kann ein anderer als Grenzüberschreitung empfinden.

Im Gruppengespräch über eigene und fremde Anteile an der Bewältigung negativer Gefühle sollten Aussagen nach dem Muster „Kein Wunder, dass du ständig beleidigt bist, schließlich willst du immer …" vermieden werden. Sinnvoller sind Ich-Botschaften, z. B.: „Wenn ich beleidigt bin, hilft es mir meistens, wenn …"

Gefühle zuordnen

Obwohl die Mimik der hier abgebildeten Smileys übertrieben dargestellt ist, wird es unterschiedliche Ergebnisse bei der Zuordnung der Gefühle geben. Sinnvoll begründete Abweichungen von der vorgeschlagenen Lösung (s. u.) sind zu akzeptieren. Anstelle der eigenen Zeichnung eines Smileys kann auch ein Foto, z. B. aus einer Zeitschrift, eingeklebt werden.

Mögliche Lösung

Aufgabe 1:

A = 3, B = 7, C = 5, D = 6, E = 9, F = 1, G = 4, H = 2, I = 8

Tattoo

Zu Beginn des 20. Jahrhunderts trugen in erster Linie Seeleute, Soldaten, Kriminelle oder Häftlinge Tätowierungen. Vor etwa dreißig Jahren kamen Tattoos zunächst vor allem in der Musikszene vor und haben damit einen Modetrend ausgelöst.

Eine Studie der Universität Leipzig aus dem Jahr 2009 kommt zu dem Ergebnis, dass die Zahl der Tätowierten in der deutschen Bevölkerung noch immer zunimmt. Der Anteil der tätowierten Männer im Alter zwischen 25 und 34 Jahren stieg von 22,4 % (2003) auf 26 % (2009) an, der Anteil der tätowierten Frauen im gleichen Alter von 13,7 % (2003) auf 25,5 % (2009), was nahezu eine Verdopplung bedeutet. Die am häufigsten tätowierten Körperteile sind die Arme und der Rücken. Auch Mia wählt für ihr Tattoo den Oberarm.

Die Kopiervorlage soll die Schüler dazu anregen, sich damit auseinanderzusetzen, ob Tätowierungen als Körperschmuck für junge Menschen nicht verfrüht sind. Sie sollen sich auch Gedanken darüber machen, ob es verantwortungsvoll von Mias Mutter ist, ihrer Tochter mit 13 Jahren eine Tätowierung zu schenken. „Du schwankst nicht so wie andere in deinem Alter", sagt Svenja auf Seite 86 im Buch. Rechtfertigt das ein derart bleibendes Geschenk?

Inklusion?

Wenn Kinder mit Beeinträchtigungen allgemeine Schulklassen besuchen, müssen Lehrer und Schüler angemessen, rücksichtsvoll und empathisch zusammenarbeiten. Es sind besondere Konzepte notwendig, die Unterschiede akzeptieren, Individualität unterstützen und im Schulalltag von allen getragen werden. Inklusion zeichnet sich auch dadurch aus, dass jedes Kind, ob mit oder ohne

Behinderung, in einem gemeinsamen Unterricht individuell unterstützt wird und der jeweiligen „Besonderheit" Rechnung getragen wird. Das bedeutet, dass jedes Kind nach seinen persönlichen Fähigkeiten gefördert wird, vom Kind mit Lernschwierigkeiten bis zum hochbegabten Kind. Durch das Konzept der Inklusion verbessern alle Schüler ihre Sozialkompetenz. Menschen, die während ihrer Schulzeit Kontakt mit behinderten Menschen hatten, werden auch in ihrem Alltag viel eher bereit sein, Menschen mit Behinderungen positiv gegenüberzutreten.

Die Kopiervorlage greift drei Situationen aus dem Roman heraus, in denen Mias schulische Umgebung gefordert ist, auf abweichendes Verhalten zu reagieren. Nah am Text beurteilen die Schüler, wie dies jeweils gelingt.

Im Anschluss an die Besprechung der Ergebnisse können gemeinsam weitere schulische Ausnahmesituationen gesammelt werden, die ein besonderes Eingehen auf Mia erforderlich machen, z. B. Feueralarm, Besuch von Praktikanten oder Veränderungen an der Inneneinrichtung des Schulhauses. Auf der Basis der Stichworte unter „Guter Umgang …" können eigene Hilfestellungen und Verhaltenstipps entwickelt werden.

Mögliche Lösung

Situation Nr. 1: Mia reagiert extrem auf …

Guter Umgang mit der Situation:
- Finn erkennt, dass die Veränderung der Sitzordnung Mia verwirrt.
- Finn nimmt Rücksicht darauf, dass Mia nicht berührt werden will.
- Mia bekommt keine Strafe, obwohl sie auf die Berührung des Lehrers körperlich aggressiv reagiert hat.
- Manche Lehrer nehmen Rücksicht darauf, dass Mia sich aus dem Unterricht entfernt, wenn der Tagesplan sich verändert.
- Finn sucht Mia und holt sie in den Unterricht zurück.
- Finn benutzt einen Code, um Mia in den Alltag zurückzuholen.
- Die Mitschüler haben die Sitzordnung wiederhergestellt, damit Mia sich sicher fühlt.

Schlechter Umgang mit der Situation:
- Herr Bielert bezeichnet Mia als „krank".
- Der Lehrer diskreditiert und beleidigt Mia vor den anderen, indem er eine abfällige Handbewegung macht.
- Herr Bielert treibt Mia an, indem er in die Hände klatscht.
- Er berührt sie, obwohl sie das nicht erträgt.
- Herr Bielert wertet Mia ab: Er betont, er sei „kein Krankenpfleger", und sagt, sie solle „auf eine Behindertenschule gehen".

Situation Nr. 2: Mia weigert sich, einen Aufsatz …

Guter Umgang mit der Situation:
- Frau Gerlach erklärt ihr, warum sie die Hausaufgaben erledigen muss.
- Der Direktor nimmt sich Zeit für Mia und geht auf ihr Spezialwissen ein.
- Der Direktor motiviert Mia in Hinblick auf ihre Berufswünsche.

Schlechter Umgang mit der Situation:
- Frau Gerlach bricht die Diskussion mit Mia ungehalten ab.
- Die Lehrerin ist wütend über die Zeichnung und gibt Mia keine Chance, sie zu erklären.
- Marlon beleidigt Mia durch eine abwertende Handbewegung.
- Frau Gerlach reagiert ungeduldig, weil Mia das Gedicht nicht interpretieren kann. Sie bedrängt Mia.
- Frau Gerlach misslingt der Versuch, Mia zu trösten.

Situation Nr. 3: Mia und ihre Klassenkameradinnen …

Guter Umgang mit der Situation:
- Die Mitschüler bewundern Mia wegen ihres Wissens.
- Sie versuchen, Mia das Verliebtsein zu erklären.

Schlechter Umgang mit der Situation:
- Die Mädchen wissen nicht, worüber sie sich mit Mia unterhalten sollen.
- Die Mädchen lassen Mia einfach beleidigt zurück.

Gesprächs- und Schreibanlässe

Tätowierungen
- Recherchiert im Internet zum Thema Tätowierungen:
  - Welche frühesten Zeugnisse für Tätowierungen gibt es?
  - Welche Motive gibt es? Welche Bedeutung haben sie?
  - Dienen Tätowierungen nur als Körperschmuck oder haben sie auch andere Funktionen?
- Wie würden eure Eltern reagieren, wenn ihr euch ein Tattoo machen lassen wolltet?

Sozialstunden und soziale Arbeit
- Was genau versteht man unter dem Begriff Sozialstunden? Welche Möglichkeiten kennt ihr, als Jugendlicher Sozialstunden abzuleisten?
- Wo können soziale Dienste abgeleistet werden? Kennt ihr eine Institution in eurer Stadt oder Gemeinde?
- Wie beurteilt ihr die Erziehungsmaßnahme, dass straffällig gewordene Jugendliche anstelle von Jugendarrest Sozialdienst leisten müssen?
- Schreibe eine Bewerbung für eine Stelle in einer Institution, die soziale Dienste anbietet.

Elterliche Konsequenz

- Findet ihr die Wut, die Finns Vater wegen der vergessenen Sozialstunden hat, gerechtfertigt? Hätte er Finn nicht lieber wegen seiner positiven Entwicklung loben sollen?
- Welche Argumente für sein konsequentes Vorgehen könnte Finns Vater seinem Sohn gegenüber anführen?

Verletzungen

- Wieso können Benny und Kurt immer noch so enormen Druck auf Finn ausüben? Wieso schafft er es nicht, sich von den beiden zu distanzieren, obwohl sie ihm gegenüber brutal vorgehen?
- „Mia ist kein Asi. Die ist ein Aspi." Das Lachen der Mädchen ist nicht böse gemeint, aber es ist ein Lachen, „das eine Grenze zieht" (S. 95). Was ist damit gemeint?

Kreativ aktiv

Mein Tattoo

Wenn du dir selbst ein Tattoo stechen lassen würdest, wie würde das aussehen? Zeichne einen Entwurf.

Ist unsere Schule behindertengerecht?

Untersucht eure Schule. Ist es dort möglich, dass Kinder mit körperlichen und psychischen Handicaps gemeinsam mit anderen Schülern unterrichtet werden? Organisiert einen Bauplan des Gebäudes, kennzeichnet mögliche Mängel und macht Verbesserungsvorschläge. Berücksichtigt dabei folgende Aspekte:

- Klassenräume und Fachräume, Bestuhlung, Wege
- Aufenthaltsräume und Pausengestaltung, Verpflegung der Schüler
- Schulmaterialien, Bücher, Medien und Unterrichtsgestaltung
- Lehrpersonal und Betreuer

Benny und Kurt

Schreibt zu zweit einen Dialog zwischen Benny und Kurt, nachdem sie im 8. Kapitel das Haus verlassen haben. Was könnte Kurt zu Bennys Verhalten in Mias Zimmer sagen? Wie reagiert Benny darauf? Spielt den Dialog vor der Klasse nach.

So bin ich, wenn …

Innere und äußere Konflikte entstehen oft, wenn Menschen sich ihrer eigenen Gefühle nicht bewusst sind oder sie nicht wissen, wie es dem anderen gerade geht.

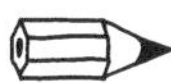

Überlege dir, welche alltäglichen Situationen bei dir welche Gefühle auslösen. Ergänze die Sätze. Du kannst dafür auch die Begriffe aus dem Kasten verwenden.

eine gute Note bekommen	von jemandem angemacht werden	ein unerwartetes Geschenk bekommen	laut Musik hören
beim Entspannen gestört werden	spazieren gehen	reden müssen, obwohl ich gar nicht will	ungestört am Computer sitzen

Zufrieden bin ich, wenn ______________________________

____

Traurig bin ich, wenn ______________________________

____

Beleidigt bin ich, wenn ______________________________

____

Genervt bin ich, wenn ______________________________

____

Glücklich bin ich, wenn ______________________________

____

Wütend bin ich, wenn ______________________________

____

Bildet Gruppen von drei bis fünf Schülern und vergleicht eure Sätze. Bei welchen Gefühlen gibt es mehr Gemeinsamkeiten, bei welchen mehr Unterschiede?

Entscheidet euch gemeinsam für drei Situationen, bei denen ihr oder einer von euch negative Gefühle empfindet, und überlegt euch zu jeder Situation eine Lösung. Was könnt ihr selbst und was können andere dafür tun, dass sich das Gefühl verbessert?

Stellt eure Ergebnisse den anderen Gruppen vor und vergleicht sie.

Gefühle zuordnen

Mia muss die Situationen, in denen man fröhlich, traurig, nachdenklich oder ärgerlich ist, wie Vokabeln auswendig lernen und dazu das entsprechende Gesicht vor dem Spiegel üben. (Seite 70)

Manchmal ist es auch für uns gar nicht so einfach zu erkennen, wie es jemandem gerade geht.

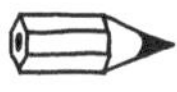

Schau dir die verschiedenen Smileys genau an und entscheide, welchem Ausdruck welche Stimmung zugeordnet werden kann. Trage die richtigen Zahlen ein: 1 traurig, 2 wütend, 3 amüsiert, 4 verwirrt, 5 erschrocken, 6 gelangweilt, 7 enttäuscht, 8 zufrieden, 9 schuldbewusst.

Vergleicht eure Ergebnisse und sprecht darüber.

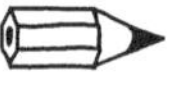

Zeichne nun einen eigenen Smiley und lass deinen Nachbarn raten, welche Stimmungslage dieses Gesicht ausdrücken soll.

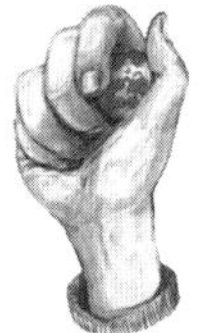

Tattoo

Mia bekommt zu ihrem Geburtstag ein Tattoo von ihrer Mutter geschenkt, obwohl sie 13 Jahre alt ist. Tätowierungen sind erst ab einem Alter von 18 Jahren möglich, bei Jüngeren nur, wenn die Erziehungsberechtigten ihr Einverständnis schriftlich erklären. Unwahre Angaben entbinden den Tätowierer von jeglicher Verantwortung.

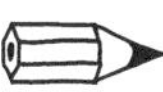

Lies dir die folgenden Meinungen und Kommentare aus einem Chatroom durch und kreuze links oben an, welchen Aussagen du zustimmst.

Frage: Ab welchem Alter kann man sich eigentlich tätowieren lassen? Ist meine Haut dafür schon geeignet?

☐ … ich an deiner Stelle würd mir das aber mehr als 2 x überlegen, mir mit 15 ein Tattoo zuzulegen … Ich selbst bin Mitte 20 gewesen bei meinem Tattoo, hab ewig lange nach ner Vorlage gesucht, und dann ewig dran rumgeändert, bis sie meinen Vorstellungen entsprach. Mit der Zeit bleicht es eben etwas aus, und das Nachstechenlassen geht mir voll auf die Nerven, weil halt auch das Ursprungsmotiv und die Konturen drunter leiden.

☐ … ich bin stolz auf meinen makellosen untätowierten Körper ;-) gibt doch abwaschbare Tattoos oder welche aus Henna, man muss sich doch nicht gleich so was Bleibendes in die Haut machen, wäre ja das Gleiche, wenn man sich ein T-Shirt kauft, das man dann die nächsten 60 – 70 Jahre trägt, wie langweilig!

☐ … bedenke vor allem: Du wirst sicher noch wachsen. Und das kann tatsächlich dazu führen, dass dein Tattoo dann verzerrt, verblasst und eventuell sogar löcherig oder rissig wird – weil sich die Farbe auf mehr Haut verteilt, als beim Stechen da war …

☐ Bei jedem Tätowierer, der 15-Jährige tätowieren würde, würde ich eher schreiend die Flucht ergreifen, als mich tätowieren zu lassen. Wenige Tätowierer stechen mit Elternerlaubnis ab 16, aber auch das nur nach ausführlichen Gesprächen mit Eltern und dem zu tätowierenden Jugendlichen, und nur wenn der Tätowierer den Eindruck bekommt, dass das OK ist.

☐ … mach dir vor allem immer wieder klar: Das Bild bleibt ewig! Oder du behältst Narben vom Weglasern. Der Stecher wird dich ein letztes Mal fragen, bevor es losgeht. Wenn du dann noch Zweifel hast – lass es! Er wird es verstehen! Lieber im letzten Moment vom Stuhl springen, als sich ein Leben lang drüber ärgern!

☐ … ich liiiiiieeeebe Tattoos – je früher, desto besser!!!

☐ Das Tätowieren ist rechtlich gesehen eine Körperverletzung, ebenso wie ein chirurgischer Eingriff. Beides darf nur mit Einwilligung des „Patienten“ geschehen. Bei Minderjährigen ist die Einwilligung der Eltern erforderlich. Prinzipiell ist das sogar schon bei 11-Jährigen möglich. Es ist allerdings zu hoffen, dass die meisten Tätowierer das schon aus ethischen Überlegungen heraus von sich aus nicht machen.

Ist das Verhalten von Mias Mutter korrekt? Sprecht darüber, wie ihr ihre Entscheidung findet.

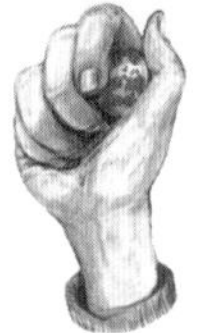

Inklusion?

In Deutschland herrscht bis heute oft die Praxis, Kinder und Jugendliche, die auffällig sind und nicht den Erwartungen entsprechen, in besondere Schultypen einzugliedern. So landen Kinder mit Migrationshintergrund, Schülerinnen und Schüler mit Rechtschreibproblemen oder mit Behinderungen häufig auf Haupt-, Sonder- oder Förderschulen.
Wenn Kinder mit Beeinträchtigungen allgemeinbildende Schulen mit sonderpädagogischer Unterstützung besuchen, spricht man von Integration. Als eine Weiterentwicklung dieses Konzepts wird der Begriff Inklusion verwendet. Er geht davon aus, dass alle Schülerinnen und Schüler sich unterscheiden und besondere Bedürfnisse haben. Je besser die Schule auf diese Heterogenität reagieren kann, desto mehr profitieren alle Lernenden davon.

Wie gelingt es in der Schule, die Mia und Finn besuchen, mit Mias besonderen Bedürfnissen umzugehen? Lies dir die jeweiligen Stellen noch einmal im Buch durch und bewerte die Reaktionen der beteiligten Personen (Lehrer, Direktor, Mitschüler, Finn).

Situation Nr. 1: Mia reagiert extrem auf kleinere Abweichungen im Schulalltag (S. 40–44, 46).

Guter Umgang mit der Situation: ______________________________

____

____

Schlechter Umgang mit der Situation: ______________________________

____

____

Situation Nr. 2: Mia weigert sich, einen Aufsatz zu schreiben (S. 47–50) bzw. ein Gedicht zu interpretieren (S. 70 ff.).

Guter Umgang mit der Situation: ______________________________

____

Schlechter Umgang mit der Situation: ______________________________

____

____

Situation Nr. 3: Mia und ihre Klassenkameradinnen haben sehr unterschiedliche Interessen (S. 68 f.).

Guter Umgang mit der Situation: ______________________________

Schlechter Umgang mit der Situation: ______________________________

____

10. und 11. Kapitel: Die Rache geht weiter

Inhalt

(10. Kapitel) Svenja, die Freundin von Finns Vater, holt Finn am folgenden Tag von der Schule ab, um ihn zum Jugenddorf zu begleiten. Dort soll sich Finn dem Koch vorstellen und das Internat besichtigen. Das Restaurant kennt Finn bereits und die Begrüßung durch den Koch ist durchaus herzlich. Finn soll in der Küche einfache Dienste verrichten. Im Internat erhält er eine Führung von dem 20-jährigen Autisten Peer. Er klärt ihn auch über die herrschenden Regeln auf: regelmäßige Zimmerkontrollen, kein Alkohol. Finn findet das Internat dennoch nicht so schlimm wie befürchtet.

Finns friedliche Haltung gegenüber Mia ändert sich, als die Familie sich auf den bevorstehenden Urlaub einstimmt. Er versucht seinen Vater davon zu überzeugen, dass er die Sozialstunden auch nach dem Urlaub ableisten kann, doch dieser bleibt konsequent. So erscheint Finn der Gedanke, Mia einen Denkzettel zu verpassen, wie es Benny und Kurt von ihm fordern, bald nicht mehr so abwegig. Er folgt der Forderung, Mias Tisch in der Schule zu verstecken. Wie erwartet gerät Mia völlig aus der Fassung und der Lehrer schickt Finn und einen Klassenkameraden

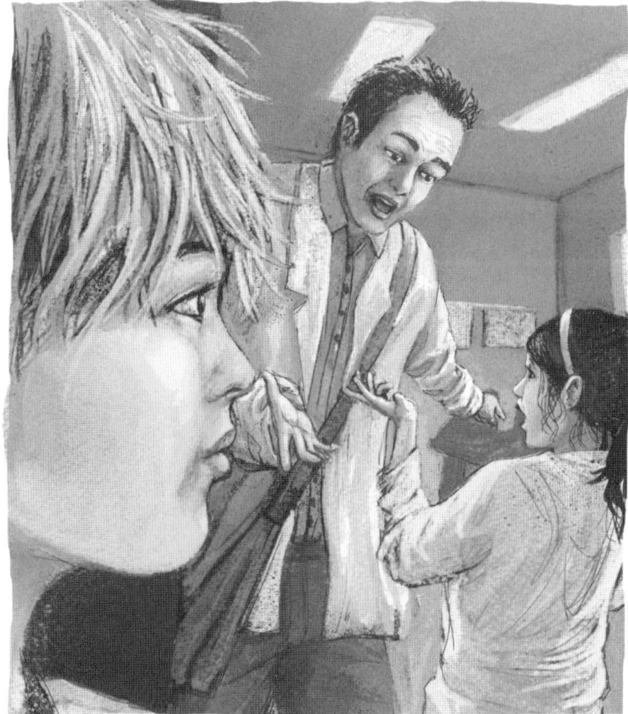

los, Mias Tisch zu suchen. Finns Reue über seine Tat wird dadurch verstärkt, dass ihm sowohl der Lehrer als auch Svenja bestätigen, dass Mia ihm vertraue und er auf sie aufpassen solle. Finn beschließt, Benny und Kurt dazu zu bringen, ihre Rachepläne aufzugeben. Benny schäumt vor Wut, Kurt jedoch zeigt sich einsichtig und redet auf Benny ein, was Finn als beruhigendes Zeichen interpretiert.

(11. Kapitel) Bennys Plan, sich an Mia zu rächen, findet eine Fortsetzung. Er stiehlt ihre Kleidung aus der Umkleidekabine am Sportplatz und hängt diese, mit dem höhnischen Kommentar „Modekönigin“ versehen, an den Kleiderständer im Klassenzimmer. Mias Hände flattern zunächst durch die Luft, wie bei ähnlichen Vorfällen zuvor, schließlich aber sitzt sie teilnahmslos auf ihrem Stuhl, bleibt auch in der Pause im Klassenzimmer und zeichnet still vor sich hin. Benny passt sie dabei ab, beleidigt sie als „Petze“ und zerreißt ihre Zeichnung. Diese Erfahrung, von anderen ausgeschlossen, bedroht und gedemütigt zu werden, hält Mia in einem Bild fest, das sie als isolierte Person hinter einem hohen Zaun zeigt, den andere zu überwinden versuchen.

Unterrichtsschwerpunkte

- Definition von Freundschaft
- Finns Freunde
- Gewalt gegenüber Schwächeren

Zu den Kopiervorlagen

Freundschaft

Noch nie haben Jugendliche so viel Zeit mit Gleichaltrigen verbracht wie heute. Cliquen wird oft ein negativer Einfluss nachgesagt, weil sie angeblich zu kriminellem Verhalten sowie zu Alkohol und Drogen verführen. Zudem sehen Eltern in den gleichaltrigen Freunden ihrer Kinder häufig eine unwillkommene Konkurrenz. Die Bedeutung der Peergroup kann jedoch auch positiv gesehen werden. Gruppen bieten Geborgenheit, außerdem bietet der Umgang mit anderen Jugendlichen ein wichtiges Lernfeld für das Sozialverhalten und die Entwicklung des jugendlichen Ichs. Aufgrund ihres ähnlichen Lebensstils und vergleichbarer Erfahrungen fühlen Jugendliche sich von Freunden oft besser verstanden.

Die Kopiervorlage regt die Schüler dazu an, sich damit auseinanderzusetzen, was Freundschaft für sie ausmacht. Dies dient als Vorarbeit für die Entscheidung, ob Kurt und Benny für Finn wirkliche Freunde sind. Die Bewertung der einzelnen Punkte wird unterschiedlich ausfallen. Nach Möglichkeit sollte jedoch ein Konsens darüber hergestellt werden, dass gegenseitiges Vertrauen, Respekt und Füreinanderdasein (besonders in Notsituationen) wichtig für eine gute Freundschaft sind. Meistens liegen auch ähnliche Interessen und Wertvorstellungen vor.

KV Seite 35

Finns Freunde

Nachdem eigene Kriterien für Freundschaften festgelegt wurden, können die Schüler ihre Einschätzungen und Erwartungen mit Finns Erfahrungen vergleichen. In diesem Zusammenhang kann zunächst noch einmal auf Finns positive Erfahrungen aus den ersten Kapiteln verwiesen werden (Seite 9: „Er war glücklich, Freunde wie Benny und Kurt gefunden zu haben." Seite 23: „Sie brauchten ihn. Es war ein schönes Gefühl, denn zu Hause …"). Im Verlauf der Ereignisse muss sich Finn allerdings eingestehen, dass Benny und Kurt die Bezeichnung „Freunde" eigentlich nicht verdient haben. Diese Entwicklung kann mit der Kopiervorlage konkret nachvollzogen werden.

Die zweite Aufgabe, die sich auch für die Partnerarbeit eignet, fasst bereits „Finns innere Zerrissenheit" ins Auge, die auf der gleichnamigen Kopiervorlage von Seite 44 vertieft wird. Sicher kennen die Schüler selbst Situationen, in denen sie widersprüchlichen Einflüssen ausgesetzt sind.

Mögliche Lösung

Aufgabe 1:

Freundschaftskriterien	ja	nein	Beispiel aus dem Roman (exemplarisch)
den anderen achten		X	Kurt und Benny haben keine Skrupel, Finn in ihre Raubzüge einzuplanen und ihm Befehle zu geben. (S. 7)
Rücksichtnahme		X	Sie fordern von ihm, Mia zu bestrafen, obwohl er damit den Rauswurf seines Vaters riskiert. (S. 56)
Einfühlungsvermögen		X	Sie denken nur an ihre Rache, Finns Erklärungen zu Mia interessieren sie nicht. (S. 54 f.)
Hilfsbereitschaft		X	Sie nutzen Finns Gutmütigkeit immer wieder aus, z. B. durch den Vorwand, DVDs auszuleihen. (S. 118)
gute Kommunikation		X	Sie passen ihn vor der neuen Schule ab und prügeln sofort auf ihn ein, weil die Polizei bei ihnen war. (S. 24)
Konfliktfähigkeit		X	Finn wird von ihnen verprügelt, als er die Wahrheit über Bennys Schulleistungen sagt. (S. 92)

KV Seite 36

Gewalt

Jugendliche verlieren häufig viel von ihrer in der Kindheit erworbenen Fähigkeit, die Gefühle anderer Menschen richtig einzuschätzen und z. B. spontan Mitleid zu empfinden. Daraus resultiert Unsicherheit in emotionalen Situationen, was wiederum ein Grund dafür sein kann, dass Teenager gereizt, launisch und gewalttätig reagieren. Sie empfinden das Leben oft als „ungerecht". Erst mit rund 18 Jahren erreicht das Gespür für einen angemessenen Umgang mit anderen Menschen in der Regel wieder ein stabiles Niveau. Jugendgewalt ist aber auch ein Ausdruck fehlender Perspektiven für Jugendliche aus ökonomisch und sozial schwachen oder bildungsfernen Familien. Ebenso können familienrelevante Unsicherheiten und Trennungen die Tendenz zu gewaltbereiten Handlungen verstärken.

Mit dieser Kopiervorlage sollen die Schüler Indizien im Text suchen, wie es zu den gewalttätigen Handlungen von Kurt und Benny gekommen sein könnte. Ursachenforschung ist dabei nicht zu verwechseln mit einer Suche nach „Entschuldigungen", wie es im öffentlichen Diskurs immer wieder heißt. Die auf der Kopiervorlage genannten Faktoren entbinden niemanden von der Verpflichtung, verantwortungsvoll zu handeln.

Mögliche Lösung

Aufgabe 2:

Kurt	Ursachen für Gewalt gegenüber anderen	Benny
„Mein Vater ist auch ausgeflippt …" (S. 54)	zerrüttete Familie	„Mein Alter hat mich rausgeschmissen." (S. 54)
„Vier Wochen ohne Computer und ohne Handy …" (S. 53)	Anonymität	
Kurt beugt sich mit geballter Faust zu ihm hinunter. (S. 24) „Und ihre Schultasche ist dabei leider in der Pfütze gelandet." (S. 91)	eigene Aufwertung durch Schädigung Schwächerer	Benny drückt mit dem Fuß Finns Gesicht auf den Boden. (S. 24) „Wenn du noch einmal petzt, bring ich dich um!" Mit diesen Worten … (S. 53)

„Vielleicht hat Finn ja recht. Die Kleine ist wirklich krank im Kopf.“ (S. 107)	Angst und Unsicherheit im Umgang mit anderen Menschen	„Ich scheiß auf deine Regel. Hey, sieh mich an, wenn ich mit dir rede.“ (S. 112)
Kurt gibt ihm rechts und links eine Ohrfeige. „Sag so was nie wieder, du Klugscheißer!“ (S. 92)	Versagensängste und Schulunlust, fehlende Berufsperspektive	„Wegen der saßen wir vier Wochen im Knast, und meinen Hauptschulabschluss kann ich jetzt auch knicken.“ (S. 92) „Wegen der stehe ich ohne Abschluss auf der Straße.“ (S. 106)

Gesprächs- und Schreibanlässe

Zeit ist relativ

„Drei Wochen Fußballweltmeisterschaft, die sind rasant vorbei, aber drei Wochen in der Küche, das fühlt sich jetzt schon wie eine Ewigkeit an“ (S. 99). Findet weitere Beispiele für Situationen, in denen die Zeit sehr schnell und sehr langsam zu vergehen scheint. Woran liegt das? Kann man etwas dagegen tun?

Briefe an Erwachsene schreiben

- Versetze dich in Finns Lage. Er möchte unbedingt in den Urlaub mitfahren. Gespräche mit dem Vater sind aber wirkungslos. Wenn er ihn mit einem Brief beeinflussen könnte, wie müsste dieser gestaltet sein?
- Stell dir vor, Finn möchte sich einer Lehrkraft anvertrauen und die Gefahr schildern, in der Mia schwebt. Schreibe einen Brief an diese Lehrkraft, in der Finn die Sachlage schildert und um Hilfe bittet.

Wie verhält man sich richtig?

- Findet ihr die Reaktionen der Klassenkameraden angemessen, als Mias Kleidung verschwunden ist? Wie würdet ihr euch in diesem Fall verhalten?
- Welche Reaktion auf den Diebstahl hättet ihr von den Lehrern erwartet?
- Was ist „Petzen“? Was ist „Verrat“? Wann ist es richtig und wichtig, etwas weiterzuerzählen?

Freunde finden, Freunde behalten

- Freundschaften sind auch im Erwachsenenalter wichtig. Was könnt ihr tun, damit eure Freundschaften erhalten bleiben?
- Passt eines der folgenden ironischen Zitate über Freundschaft zur Situation zwischen Finn, Kurt und Benny? Begründe.
  - Es gibt wenig aufrichtige Freunde – die Nachfrage ist auch gering. (Marie von Ebner-Eschenbach, Schriftstellerin)
  - Man hat mehr Freunde als man befürchtet. (Agatha Christie, Schriftstellerin)
  - Gute Freunde erkennt man daran, dass sie immer da sind, wenn sie uns brauchen. (Verfasser unbekannt)

Kreativ aktiv

Medien und Gewalt

Nicht selten wird im Zusammenhang mit der Suche nach Ursachen von Gewalt auch über Gewaltdarstellung in den Medien gesprochen. Gemeint sind hier vor allem Videospiele, aber auch Kino und Fernsehen. Liste eine Woche lang auf, welche Gewaltdarstellungen dir in den verschiedenen Medien begegnen: Was wird gezeigt? Welche Funktion hat es (Teil eines Videospiels, Fernsehserie, Nachrichten ...)? Wie wirkt die Darstellung auf dich? Wie könnte sie auf einen Jugendlichen wirken, der aus anderen Gründen bereits frustriert oder gewaltbereit ist?

Lanzarote

Gestalte ein Plakat über die Ferieninsel Lanzarote. Informationen und Bilder kannst du aus Reiseprospekten und über das Internet sammeln.

Menükarte

Das Restaurant, in dessen Küche Finn arbeiten muss, heißt „Zum Stäffele“. Entwirf eine Menükarte dafür.

Mia, eingezäunt

Mia malt sich selbst als kleines Mädchen, das von einem hohen Zaun umgeben ist. Lies noch einmal die Stelle auf Seite 113 im Buch und fertige diese Zeichnung an. Beschrifte die „Eindringlinge“, indem du in Stichworten Personen und Situationen ergänzt, die Mia als Bedrohung empfunden hat.

Freundschaft

Freundschaft kann ganz unterschiedliche Schwerpunkte haben. Was gehört deiner Meinung nach dazu und was nicht? Kennzeichne die Aspekte, die du wichtig findest, mit einem +, die unwichtigen oder unpassenden mit einem –. Ergänze eigene Punkte.

Echte Freundschaft bedeutet für mich, dass …	
der andere alles macht, was mir gefällt.	
ich nicht böse bin, wenn mein Freund / meine Freundin sich auch mit anderen trifft.	
ich nicht schlecht über den anderen rede.	
der andere gut aussieht.	
wir uns gegenseitig sympathisch finden.	
ich mir jederzeit Geld von ihm leihen kann.	
wir gerne etwas gemeinsam unternehmen.	
wir uns jeden Tag treffen.	
wir kein Geheimnis des anderen weitererzählen.	
wir nicht miteinander streiten.	
wir uns gegenseitig helfen.	
wir den anderen wichtiger nehmen als unsere Eltern.	
wir über alles reden können.	
wir immer füreinander da sind.	
uns dieselbe Musik und Kleidung gefällt.	
der andere mich nicht verrät, wenn ich etwas angestellt habe.	
der andere akzeptiert, wenn ich schlechte Laune habe.	
wir Meinungsverschiedenheiten sachlich regeln können.	

Kreuze oben den Satz an, der für dich am wichtigsten ist, und erkläre, warum das so ist.

____

____

Streiche einen Satz durch, der von dir ein – bekommen hat, und erkläre.

____

____

Finns Freunde

Finn ist anfangs froh, dass er Kontakt zu Benny und Kurt hat. Er verbringt mit ihnen viel Zeit und hat das Gefühl, dass sie ihn brauchen. Doch nach und nach ändert sich Finns Haltung.

Welche der folgenden Kriterien für Freundschaft werden von Benny und Kurt erfüllt?

Freundschaftskriterien	ja	nein	Beispiel aus dem Roman
den anderen achten		X	Benny und Kurt haben keine Skrupel, Finn in ihre Raubzüge einzuplanen und ihm Befehle zu geben. (S. 7)
Rücksichtnahme			
Einfühlungsvermögen			
Hilfsbereitschaft			
gute Kommunikation			
Konfliktfähigkeit			

Benny und Kurt überreden Finn dazu, anderen Schaden zuzufügen. Unten findest du drei derartige Situationen aus dem Buch.

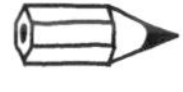

Welchen negativen und positiven Gedanken ist Finn in dem jeweiligen Moment wohl ausgesetzt? Fülle die Tabelle aus. Orientiere dich an dem Beispiel.

negative Gedanken	Situation	positive Gedanken
Das ist leicht verdientes Geld und die alten Tanten brauchen sowieso nicht so viel zum Leben. Wir brauchen die Kohle!	Finn soll auf dem Friedhof „Schmiere stehen“, damit Kurt und Benny alten Damen die Handtaschen stehlen können.	*Wenn das meine Oma wäre … Es ist hinterhältig und gemein, sich an Wehrlosen zu vergreifen.*
	Finn soll in Mias Zimmer Unordnung schaffen und das mit einem Foto dokumentieren.	
	Finn soll in der Schule Mias Tisch verstecken, damit sie in Panik gerät.	

Gewalt

Benny und Kurt schrecken in ihrer Wut nicht davor zurück, Mia gegenüber gewalttätig zu werden. Sie beleidigen sie nicht nur, sondern werfen sie sogar zu Boden und zwingen auch Finn, ihr gegenüber Gewalt anzuwenden: Er soll z. B. die Ordnung in ihrem Zimmer durcheinanderbringen.

Lies die Informationen zum Thema Gewalt.

Gewalt – Was ist das?

In den Sozialwissenschaften bedeutet Gewalt die Anwendung von physischem und/oder psychischem Zwang gegenüber einem anderen, um diesem Schaden zuzufügen bzw. ihn der Herrschaft des Gewaltausübenden zu unterwerfen. (nach: Meyers Großes Taschenlexikon)

Gewalt – Wie kommt es dazu?

Es gibt viele Ursachen für Gewalt. Dazu gehören z. B. Unterlegenheitsgefühle, eigene Aufwertung durch Schädigung Schwächerer, Rechtfertigungsdruck, Angst und Unsicherheit im Umgang mit anderen Menschen, rassistisches Gedankengut, Versagensängste und Schulunlust, zerrüttete Familien, Mangel an Liebe in Kindheit und Jugend, Gewaltdarstellungen in den Medien, fehlende Orientierungshilfen, fehlende Berufsperspektive, Wertekrise in der Gesellschaft, Anonymität und Kommunikationslosigkeit.

Wähle aus den Ursachen für Gewalt die Aspekte aus, die zur Gewalttätigkeit von Benny und Kurt geführt haben können. Belege deine Meinung mit entsprechenden Textstellen.

Kurt	Ursachen für Gewalt gegenüber anderen	Benny
	zerrüttete Familie	„Mein Alter hat mich rausgeschmissen.“ (S. 54)

12. bis 14. Kapitel: Geständnis, Entführung, Veränderungen

Inhalt

(12. Kapitel) Mia hat ihr Teleskop bekommen und ist völlig davon eingenommen. In der Schule häufen sich zugleich merkwürdige Vorfälle, was sie mehr und mehr verunsichert. Finn ahnt, wer hinter diesen Übergriffen steckt, und stellt Benny und Kurt zur Rede, die beiden lachen ihn jedoch nur aus. Mias Anspannung überträgt sich auf die restliche Familie und Finn macht sich immer größere Vorwürfe. Schließlich sucht er Benny und Kurt in seiner alten Schule auf und gesteht ihnen, dass er es war, der ihre Namen der Polizei verraten hat. Die beiden glauben ihm jedoch nicht und vermuten, er habe sich in Mia verliebt und wolle sie nur schützen. Noch am gleichen Tag tauchen Benny und Kurt erneut bei Finn zu Hause auf. Benny streichelt M 42, als der kleine Kater an die Haustür kommt. Finn lässt die beiden kurz allein, um einige DVDs aus seinem Zimmer zu holen. Als Finn zurückkommt, ist Benny nicht mehr da und Kurt verabschiedet sich kurze Zeit später.

Am Abend ist die Familie voller Sorge um M 42, der spurlos verschwunden ist. Finn hat Benny in Verdacht und hofft, dass dieser als Katzenliebhaber dem kleinen Kater keinen Schaden zufügt. Mia beschließt, nicht mit in den Urlaub zu fahren, und weigert sich, in die Schule zu gehen. Finn passt seine Freunde in der alten Schule ab und stellt sie wegen M 42 zu Rede. Benny weist die Anschuldigung fluchend zurück und Finn erkennt, dass er sich in den beiden getäuscht hat. Er wundert sich, wie er jemals mit ihnen befreundet sein konnte. Zu Hause hat sich die Lage verschlechtert, der Urlaub ist durch Mias Weigerung in Gefahr. Doch Svenjas Schwester Conny bietet ihre Hilfe an: Sie wird bei der verstörten Mia zu Hause bleiben, während Finn ja ohnehin im Internat untergebracht ist.

(13. Kapitel) Finn wohnt für drei Wochen im Internat des Jugenddorfes CJD und muss sich wie die anderen Mitbewohner an die Regeln halten. Sollte er sich in dieser Zeit bewähren, hat ihm sein Vater versprochen, die Sache mit dem Friedhof zu vergessen. Seine Arbeit in der Küche besteht darin, Gemüse zu putzen, kleinzuschneiden und bei der Essensausgabe zu helfen. Nach der Arbeit zieht er sich in den Aufenthaltsraum zurück, wo er unerwartet Benny begegnet. Dieser ist ebenfalls im CJD untergebracht, weil er an einem Programm zur Berufsvorbereitung teilnimmt. In einem kurzen Gespräch zwischen den beiden wird deutlich, dass sich Benny nicht an die im Internat herrschenden Regeln halten will. Er erwartet noch am gleichen Abend Kurt, mit dem er feiern möchte. Sofort überlegt Finn, wo Benny M 42 untergebracht haben könnte, wenn er jetzt ebenfalls im Internat lebt. Zum Abendessen treffen die beiden Jungen wieder aufeinander. Benny reagiert angewidert auf andere Internatsbewohner, die wie Mia Autisten sind, und beleidigt diese, was zum Streit zwischen Finn und Benny führt. Nachts bemerkt Finn, dass Kurt noch immer zu Besuch bei Benny ist, und stellt fest, wie wenig ihm die beiden inzwischen bedeuten.

(14. Kapitel) Während Finn im Internat lebt, trauert Mia auf ihre Weise um den verschwundenen M 42. Sie ist teilnahmslos und wird wütend, wenn Tante Conny sie trösten möchte. Am Wochenende wohnt Finn wieder zu Hause, kann aber auch nicht weiterhelfen. Zurück im Internat überlegt Finn fieberhaft, wie er Bennys Diebstahl beweisen könnte. Da kommt ihm der Zufall zu Hilfe: Eine ältere Dame taucht auf und fragt nach Benny. Sie bittet Finn, ihrem Enkel auszurichten, dass der kleine Kater, den er mit nach Hause gebracht hat, sich nicht mit ihrer eigenen Katze verstehe. Das ist der Beweis, nach dem Finn gesucht hat! Wütend und entschlossen konfrontiert er nach der Arbeit Benny mit diesen neuen Erkenntnissen. Als Benny wieder versucht alles abzustreiten, packt Finn ihn und droht ihm mit der Polizei. Finn lässt sich sogar ein schriftliches Geständnis geben, damit er etwas gegen Benny in der Hand hat. So ist sichergestellt, dass Benny Mia in Zukunft in Ruhe lassen muss. Erleichtert läuft Finn nach Hause, holt Mia ab und gemeinsam mit Benny gehen sie zu dessen Oma, um M 42 abzuholen und wieder nach Hause zu bringen.

Unterrichtsschwerpunkte

- Haustiere
- Redensarten und Metaphern
- Finns Entwicklung
- Romankritik
- Spielerischer Rückblick auf den gesamten Roman

Zu den Kopiervorlagen

Haustiere

Mit dieser Kopiervorlage sollen die Schüler einen systematischen Überblick über unterschiedliche Aspekte der Haustieranschaffung bekommen. Unklare Begriffe können zunächst gemeinsam geklärt werden. Das Blatt kann als Gesprächsgrundlage für ein weiterführendes Klassengespräch dienen. Darüber hinaus ist es möglich, die Schüler eigene Recherchen zum Stichwort „tiergestützte Therapie" durchführen zu lassen.

Lösung
Unterbringung: Familiensituation, Urlaubszeit, Wohnsituation
Pflege/Versorgung: andere Bezugs- oder Pflegepersonen, exotisches Haustier, Freizeitplanung, Zeit zur Pflege, Hauptverantwortung, Lebewesen mit bestimmten Bedürfnissen, Spielgefährte
Kosten: Anschaffungskosten, Futter und Nahrung, Tierarztkosten
Sonstiges: Allergien, andere Interessen, Schmutz

KV Seite 43

Sprachbilder

Mit den „Übersetzungsübungen“ dieser Kopiervorlage sollen die Schüler dafür sensibilisiert werden, dass Redewendungen, Sprichwörter und Sprachbilder nicht immer leicht zu entschlüsseln sind, was im Übrigen auch für Menschen mit einer anderen Muttersprache gilt. Die „Übersetzung für Mia“ stellt eine zusätzliche Motivation da, die Redensarten zu erklären. Die zweite Aufgabe erfordert Textkenntnis und Einfühlungsvermögen.

Mögliche Lösung
Aufgabe 1:

Redensart/Metapher	Übersetzung für Mia
„Sonst sieht es total finster für dich aus …“ (S. 36 f.)	Bei einem weiteren Fehlverhalten drohen Finn ernsthafte Konsequenzen.
„Ich wäre vor Scham am liebsten in ein Mauseloch gekrochen!“ (S. 39)	Seine Scham war so groß, dass er sich am liebsten ganz klein gemacht und versteckt hätte.
Gras über die Sache wachsen lassen (S. 39)	sich bezüglich einer Sache ruhig verhalten und versuchen, keine weitere Aufmerksamkeit zu erregen
„Kleider machen Leute!“ (S. 68)	Viele lassen sich bei ihrem Urteil über andere Menschen sehr stark davon beeinflussen, wie diese angezogen sind.
Katzen haben sieben Leben. (S. 121)	Eine Katze verfügt durch ihre hoch entwickelten Sinne über die Fähigkeit, Gefahrensituationen wahrzunehmen und sich immer wieder in Sicherheit zu bringen.

Aufgabe 2:

Freudvoll	• Freude über den Gutschein und das Tattoo
Und leidvoll, *Gedankenvoll sein,*	• Verzweiflung angesichts gebrochener Regeln und die Angst davor
Langen *Und bangen* *In schwebender Pein,*	• Ungewissheit, ob M 42 jemals wieder auftauchen wird
Himmelhoch jauchzend,	• gute Gefühle, wenn du von Sternen sprichst
Zum Tode betrübt –	• Kummer wegen des Verschwindens von M 42
Glücklich allein *Ist die Seele, die liebt.*	• Glück, dass M 42 wieder gesund auftaucht

KV Seite 44

Finns innere Zerrissenheit

Finns familiärer Hintergrund wurde auf den Kopiervorlagen der Seiten 11 bis 14 beleuchtet. Sein Hin- und Hergerissensein zwischen der Loyalität gegenüber Benny und Kurt und seinen Gefühlen gegenüber Mia thematisierte bereits die Kopiervorlage „Finns Freunde“ (S. 35) am Rande. Am deutlichsten aber tritt Finns innere Zerrissenheit hervor, wenn man genauer unter die Lupe nimmt, welche Gedanken und Gefühle er im Laufe der Romanhandlung mit dem Mädchen verbindet, das alle als seine „Schwester“ bezeichnen. Die Kopiervorlage ermöglicht dies auf sehr anschauliche Art und Weise. Die Sätze aus dem Buch stehen nur stellvertretend für die jeweilige Textstelle.

Lösung
Aufgabe 1:

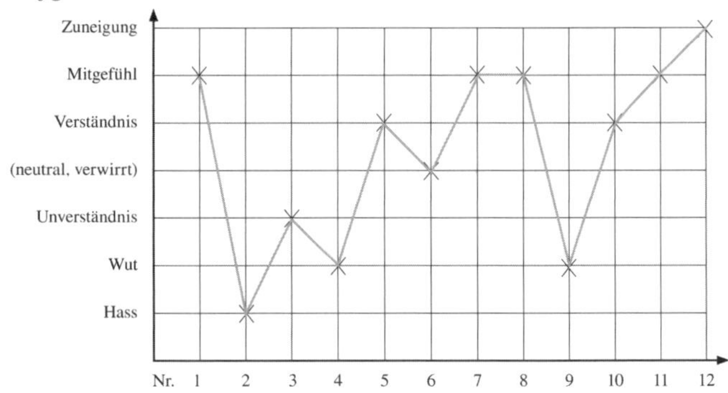

KV Seite 45

Finns Entwicklung

Nicht nur Finns Haltung gegenüber Mia ändert sich im Laufe des Romans. Auch seine „Freunde“ Benny und Kurt und die Regeln seiner Eltern erscheinen ihm am Ende in einem anderen Licht. Diese Veränderungen können die Schüler in der ersten Aufgabe knapp und übersichtlich festhalten.

Die zweite Aufgabe öffnet die Perspektive, indem sie grundlegende Entwicklungsschritte aufführt, die Jugendliche durchleben, und Finns persönliche Entwicklung daran misst. Die Pubertät ist eine Phase der Ablösung, in der Jugendliche ihren eigenen Lebensstil und ihre eigenen Wertmaßstäbe entwickeln. Beziehungen zu Gleichaltrigen haben dabei eine besondere Bedeutung. Jugendliche, die sich ausgeschlossen fühlen, neigen dazu, sich am Rande stehenden Jugendlichen anzuschließen, die grundlegende Regeln des Zusammenlebens ablehnen. Ähnlich verhält sich Finn zu Beginn des Romans. Von Elternseite ist es anzustreben, die richtige Mischung zwischen der Ermöglichung von Abgrenzung einerseits und Angeboten zur Unterstützung andererseits zu finden.

Mögliche Lösung

Aufgabe 1:

	Finns Haltung zu Beginn	Finns Haltung am Ende
zu den Eltern	Er fühlt sich von seiner Mutter und seinem Vater im Stich gelassen, nutzt die Freiheiten zu Hause aus und hält sich nicht an Regeln.	Er hat Respekt vor den Regeln, die sein Vater für ihn aufgestellt hat, und hält sich daran. (S. 123)
zu Benny und Kurt	Er fühlt sich zugehörig; sie geben ihm das Gefühl, gebraucht zu werden.	Er wendet sich ganz von den beiden ab und kann nicht mehr nachvollziehen, was er an ihnen gut gefunden hat.
zu Mia	widersprüchliche Gefühle, meist dominieren Wut und Unverständnis	Er ist von ihr beeindruckt, hat sie ins Herz geschlossen und sorgt sich um sie, beschützt sie.

Aufgabe 2:

Nr.	Entwicklungsschritt	nicht gelungen	weniger gelungen	teilweise gelungen	gelungen	gut gelungen	Begründung
1	Selbstständigkeit in Bezug auf wichtige Entscheidungen und persönliche Einstellungen				X		Im Internat erledigt Finn seine Aufgaben konsequent, hält sich an das Versprechen, das er seinem Vater gegeben hat.
2	Selbstbewusstsein entwickeln, sich seiner eigenen Stärken und Schwächen bewusst sein					X	Er stellt sich der Strafe, hält sich an die Regeln im Internat, obwohl er das zutiefst abgelehnt hatte, und wehrt sich gegen Benny.
3	Wertmaßstäbe finden, eine Meinung zu sozialen und gesellschaftlichen Fragen finden				X		Finn hat erkannt, dass Regeln und Gesetze eingehalten werden müssen. Allerdings erpresst er Benny am Ende.
4	Eine stabile, positive Freundschaftsbeziehung zu Gleichaltrigen aufbauen			X			Finn hat zumindest erkannt, was bei der Freundschaft mit Kurt und Benny falsch gelaufen ist.
5	Verantwortung für Menschen mit besonderen Bedürfnissen übernehmen					X	Er stellt sich schützend vor Mia und kümmert sich um sie. Auch Peer gegenüber ist er fürsorglich und verständnisvoll.

Meine Romankritik

Die Kopiervorlage hilft bei der Erstellung einer eigenen Buchkritik. Die Schüler bewerten den Roman nach bestimmten Kriterien, wobei die linke Spalte der Tabelle bereits eine Struktur für den ausführlicheren Text nahelegt.

Individuelle Lösungen sind erwünscht und können gesammelt an den Verlag geschickt werden, der die Texte gerne an die Autorin weiterleitet: Hase und Igel Verlag, Lektorat (Stichwort: Mia), Schleißheimer Straße 104 a, 85748 Garching b. München.

Mia und Finn – Ein Würfelspiel Frage- und Ereigniskarten

Mit diesem Würfelspiel, bei dem Mias Geradlinigkeit auf den kurvigen Lebensweg von Finn trifft, kann die Textkenntnis der Schüler spielerisch geprüft werden. Es treten zwei Personen oder zwei Teams mit jeweils maximal drei Schülern gegeneinander an: ein „Mia-Team", das den geraden Weg Richtung Ziel nimmt, und ein „Finn-Team", das den kurvenreichen Weg geht. Jedes Team braucht eine Spielfigur. Gewürfelt wird mit einem Würfel, der nur bis Drei geht, oder es gilt:

- Eins oder Zwei gewürfelt = 1 Feld vor.
- Drei oder Vier gewürfelt = 2 Felder vor.
- Fünf oder Sechs gewürfelt = 3 Felder vor.

Die Frage- und Ereigniskarten sind unvollständig und sollen von den Schülern durch passende Karten ergänzt werden. Bei den Mia- und Finn-Karten wird am besten die „Bestrafung" (ein Feld zurück) und die „Belohnung" (zwei Felder vor) beibehalten, damit die Spieler immer auf ein neutrales Feld geschickt werden. Die Karten werden gemischt und mit der Rückseite nach oben auf das jeweilige Feld auf dem Spielplan gelegt.

Auf weitere Regeln können sich die Schüler vor Spielbeginn oder nach einer ersten Proberunde einigen, z. B.: Darf der Roman bei schwierigen Fragen zum Nachschlagen benutzt werden? Mit oder ohne Zeitbegrenzung? Wird auf den Feldern, auf denen sich die beiden Wege kreuzen, mit oder ohne Rausschmeißen gespielt?

Gesprächs- und Schreibanlässe

Mobbing oder Gemeinheiten?

Ist das Verhalten von Benny und Kurt gegenüber Mia (und gegenüber Finn) nur eine Sammlung gezielter Gemeinheiten oder kann man es als Mobbing bezeichnen? Bei Mobbing geht es um häufige, länger anhaltende, systematische und auf eine Person gerichtete Schikanen mit dem Ziel, das Opfer zu isolieren. Das kann z. B. durch hinterhältige Anspielungen, Verleumdungen, Demütigungen, Drohungen, Quälereien und sexuelle Belästigungen erfolgen.

Gefühls- und Gedankenwelten

- Benny ist gewalttätig und grausam. Er schreckt nicht davor zurück, Mia zu quälen. Als er M 42 sieht, zeigt er sich von einer ganz anderen Seite. Wie erklärt ihr euch diese plötzliche Wandlung?
- Finn nimmt allen Mut zusammen und will Benny und Kurt die Wahrheit sagen. Welche Gedanken könnten ihm in der Nacht zuvor durch den Kopf gehen?
- Fasse zusammen, welche Faktoren dafür verantwortlich waren, dass Finn Mia gegenüber Hassgefühle entwickelt hat.
- Immer wieder reagiert Finn im Laufe des Romans genervt, wenn Mia als seine Schwester bezeichnet wird. Auf Seite 139 sagt er noch einmal zu Benny: „Sie ist nicht meine Schwester!" Welche andere Bedeutung könnte der Satz an dieser Stelle haben?
- „Ja", sagt Finn am Ende über Mia. „Sie ist wunderschön und sehr klug!" Ist er vielleicht doch ein bisschen in sie verliebt?

Eine Freundschaft beenden

- Wie hat sich Finn wohl gefühlt, als er erkannt hat, dass Kurt und Benny keine echten Freunde waren?
- Versetze dich in die Rolle von Finn und schreibe Benny eine SMS, in der deutlich wird, dass die Freundschaft von seiner Seite eindeutig beendet ist. Wie wird Benny wohl darauf antworten?
- Hattet ihr selbst bereits Freundschaften, die ihr im Nachhinein nicht mehr verstehen könnt? Wie habt ihr euch diesen Personen gegenüber verhalten?
- Findet ihr es gerechtfertigt, dass Finn sich Benny gegenüber erpresserisch verhält? Hätte er das Verschwinden von M 42 auch auf friedlichere Art und Weise klären können?
- Wie sollte man eine Freundschaft beenden, wie besser nicht? Diskutiert, ob ihr die folgenden Methoden für angemessen haltet: durch eine SMS, über die Sperrung/ Ablehnung der Person in einem sozialen Netzwerk, durch ein Telefonat, durch ein persönliches Treffen,

durch eine ausführliche E-Mail, durch einen handgeschriebenen Brief, dadurch, dass man sich einfach nicht mehr meldet.

Regeln

- Finn liebt seine Freiheit und doch kommt er mit den Regeln, die sein Vater ihm auferlegt hat, schließlich zurecht (S. 123 f.). Vergleiche die Regeln, die Finn bei seinem Vater zu Hause einhalten muss, mit denen im Internat. Welche Richtlinien sind strenger?
- Welche Regeln gelten bei euch zu Hause? Findet ihr sie zu streng? Gibt es manchmal Diskussionen darüber?

Kreativ aktiv

Eine Suchanzeige

M 42 ist ein ganz besonderer Kater. Conny gibt eine Suchanzeige bei der Lokalzeitung auf. Gestalte diese Anzeige.

Mein Haustierwunsch

Du willst selbst ein Haustier. Entwickle ein Plakat, das sowohl inhaltlich als auch optisch so eindrucksvoll gestaltet ist, dass deine Eltern nicht Nein sagen können.

Die Katze aus dem Sack lassen

Suche weitere Redewendungen und Sprichwörter, in denen Katzen und andere Haustiere vorkommen. Übersetze sie für Mia und gestalte Bilder dazu.

Zwei-Farben-Gemälde

Male Finns Zerrissenheit zwischen Wut und Mitgefühl gegenüber Mia als Zwei-Farben-Gemälde. Du brauchst dafür einen DIN-A3-Zeichenblock, Pinsel, Wasser und Wasserfarben. Wähle für die zwei extremen Grundgefühle Finns zwei Farben, z. B. Rot für die Wut und Grün für das Mitgefühl. Beginne mit dem Grundgefühl, das im Roman zuerst auftaucht, und verbreite die Farbe von einer Ecke aus über das Blatt. Orientiere dich dabei an wichtigen Szenen aus dem Roman (vgl. Kopiervorlage „Finns innere Zerrissenheit", S. 44). Intensiviere jeweils die Farbe, wenn das Gefühl stärker wird, und nimm mehr Wasser, wenn es schwächer wird. Wo fließen die beiden „Gefühlsfarben" ineinander? Welche Farbe nimmt am Ende die größere Fläche auf dem Papier ein? Wie unterscheiden sich eure Bilder?

Zweimal Finn

Finn hat sich verändert. Kopiere zweimal ein Bild von Finn aus dem Roman oder zeichne ihn selbst zweimal ab. Welche Werte und Ideale hatte der Finn, der mit Kurt und Benny unterwegs war, welche hat der Finn, der jetzt bei seinem Vater lebt? Verdeutliche diese Veränderung durch Farben, Symbole und Gegenstände, die du bei dem jeweiligen Finn ergänzt. Du kannst die Bilder auch beschriften oder etwas dazukleben.

Ein Akrostichon

Gestalte aus dem Namen Finn Hoffmann ein Akrostichon. Schreibe den Namen dafür senkrecht auf ein Blatt und ergänze zu jedem Buchstaben ein Wort oder einen ganzen Satz, der zu Finn passt. Schaffst du es vielleicht sogar, die Veränderung deutlich zu machen, die Finn durchlebt?

Beispiel:
M 42 darf ihr nahe kommen – sonst niemand.
I m Schulalltag benimmt sie sich für andere sonderbar.
A ll, Planeten und Sterne sind ihre Leidenschaft.

Haustiere

Mias Kater M 42 ist das einzige Lebewesen, das sie berühren darf. Er schläft sogar nachts auf ihrem Bauch. Finns Vater hat den Kater besorgt, weil er gelesen hat, dass manche Asperger-Autisten ihre Angst vor Berührungen bei Tieren verlieren. Was aber muss grundsätzlich bedacht werden, bevor man sich ein Haustier anschafft?

 Untersuche die Stoffsammlung aus der linken Spalte: Streiche Begriffe heraus, die nicht zur Frage passen, und sortiere die Begriffe, indem du sie den Oberpunkten rechts zuordnest.

- Allergien
- andere Bezugs- oder Pflegepersonen
- andere Interessen
- Anschaffungskosten
- Schmutz
- exotisches Haustier
- Familiensituation
- Fernsehsendung
- Freizeitplanung
- Futter und Nahrung
- Zeit zur Pflege
- Hauptverantwortung
- Urlaubszeit
- Lebewesen mit bestimmten Bedürfnissen
- Spielgefährte
- Tierarztkosten
- Wohnsituation

Unterbringung

Pflege/Versorgung

Kosten

Sonstiges

Sprachbilder

Mia hat große Probleme, Metaphern und Redensarten zu entschlüsseln. Überlege, was die folgenden Ausdrücke im Zusammenhang bedeuten, und übersetze sie für Mia.

Redensart / Metapher	Übersetzung für Mia
„Sonst sieht es total finster für dich aus …" (S. 36 f.)	Bei einem weiteren Fehlverhalten drohen Finn ernsthafte Konsequenzen.
„Ich wäre vor Scham am liebsten in ein Mauseloch gekrochen!" (S. 39)	
Gras über die Sache wachsen lassen (S. 39)	
„Kleider machen Leute!" (S. 68)	
Katzen haben sieben Leben. (S. 121)	

Probleme bereitet Mia auch die Interpretation des Liebesgedichts. Übersetze für sie die einzelnen Begriffe aus dem Gedicht, indem du Verknüpfungen zu ihrer Welt herstellst, z. B.: So hast du dich gefühlt, als M 42 verschwunden war.

Freudvoll ______________________

Und leidvoll, ______________________

Gedankenvoll sein, ______________________

Langen ______________________

Und bangen ______________________

In schwebender Pein, ______________________

Himmelhoch jauchzend, ______________________

Zum Tode betrübt – ______________________

Glücklich allein ______________________

Ist die Seele, die liebt. ______________________

Johann Wolfgang von Goethe
(aus „Egmont")

Finns innere Zerrissenheit

Finns Haltung gegenüber Mia ist eine regelrechte Achterbahnfahrt der Gedanken und Gefühle: Manchmal hasst er sie, dann empfindet er wieder Zuneigung für seine „Schwester" und will sie beschützen …

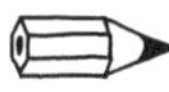 Lies dir die hier angeführten Textstellen noch einmal im Buch durch und setze für jede ein passendes Kreuz in die Tabelle. Verbinde deine Kreuze am Ende zu einer Kurve.

Nr.	Seite	Textstelle
1	12	Mia!, denkt Finn. Was haben Benny und Kurt mit Mia gemacht?
2	16	Wie er diese Mia hasst! Er könnte sie erwürgen!
3	27	Grinsend wartet er oben an der Treppe.
4	28	Mias Welt!, denkt Finn wütend.
5	41	„… Mia hasst es, wenn man sie anfasst", sagt Finn und sieht den Lehrer vorwurfsvoll an.
6	50	„…", sagt Finn, der mal wieder nicht weiß, ob er Mia für ihr Wissen bewundern oder …
7	59	„Es tut mir so leid, Mia. Ich musste es tun."
8	76	Finn würde sie am liebsten in den Arm nehmen.
9	91	Am liebsten würde er sie für immer ins Universum beamen.
10	102	Er möchte Mias Verzweiflung nicht miterleben.
11	106	Mia vertraut ihm. Und was macht er?
12	140	„Ja", sagt Finn. „Sie ist wunderschön und sehr klug!"

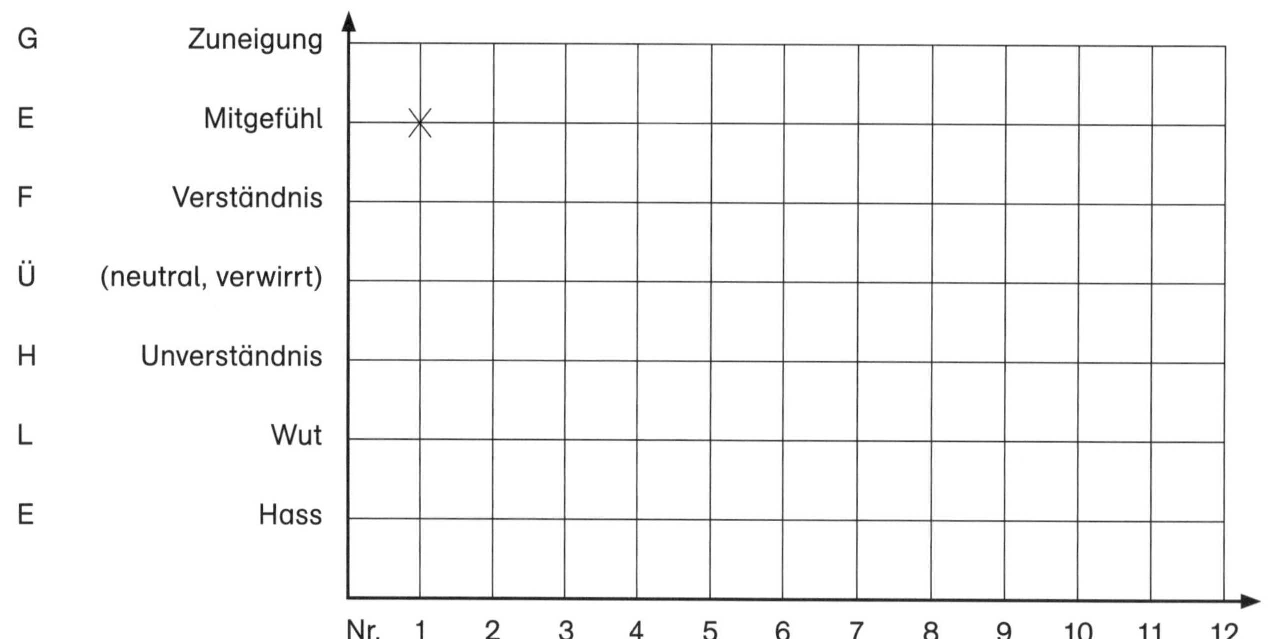

 Vergleicht eure Kurven und sprecht über eure Einschätzungen.

Finns Entwicklung

Finns Verhältnis zu allen wichtigen Menschen in seiner Umgebung ändert sich durch seine Erfahrungen im Laufe des Romans.

Ergänze die Tabelle in Stichworten.

	Finns Haltung zu Beginn	Finns Haltung am Ende
zu den Eltern		
zu Benny und Kurt		
zu Mia		

Welchen der Entwicklungsschritte, die Jugendliche durchleben, hat Finn deiner Meinung nach gut, welchen weniger gut gemeistert? Begründe deine Entscheidung kurz.

Nr.	Entwicklungsschritt	nicht gelungen	weniger gelungen	teilweise gelungen	gelungen	gut gelungen	Begründung
1	Selbstständigkeit in Bezug auf wichtige Entscheidungen und persönliche Einstellungen						
2	Selbstbewusstsein entwickeln, sich seiner eigenen Stärken und Schwächen bewusst sein						
3	Wertmaßstäbe finden, eine Meinung zu sozialen und gesellschaftlichen Fragen finden						
4	Eine stabile, positive Freundschaftsbeziehung zu Gleichaltrigen aufbauen						
5	Verantwortung für Menschen mit besonderen Bedürfnissen übernehmen						

Meine Romankritik

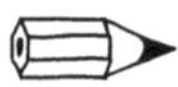

Sei selbst ein fairer und kompetenter Literaturkritiker! Fülle zunächst die Tabelle aus und verfasse im Anschluss eine Buchkritik in deinem Heft.

+ + = stimme voll zu | + = stimme zu | o = stimme teilweise zu
– = stimme eher nicht zu | – – = stimme gar nicht zu

	Beurteilungskriterien	++	+	o	–	– –
Thema	Die Geschichte bietet viel Gesprächsstoff.					
	Der Roman hat mein Interesse geweckt, mehr über Autismus zu erfahren.					
	Das Buch vermittelt wichtige Lebenserfahrungen und erweitert den Horizont.					
Handlung und Figuren	Die Handlung ist glaubwürdig aufgebaut.					
	Die Handlung ist spannend und voller Überraschungen.					
	Die Hauptfiguren sind nachvollziehbar und interessant dargestellt.					
Sprache und Stil	Der Erzählstil ist anschaulich und mitreißend.					
	Die Sprache ist für Jugendliche angemessen gewählt.					
	Die Dialoge sind treffend und lebensnah.					
Gesamt-urteil	Insgesamt ein gelungener Roman zu einem wichtigen Thema.					
	Ich habe Lust, auch andere Bücher der Autorin zu lesen.					

Mia und Finn – Ein Würfelspiel

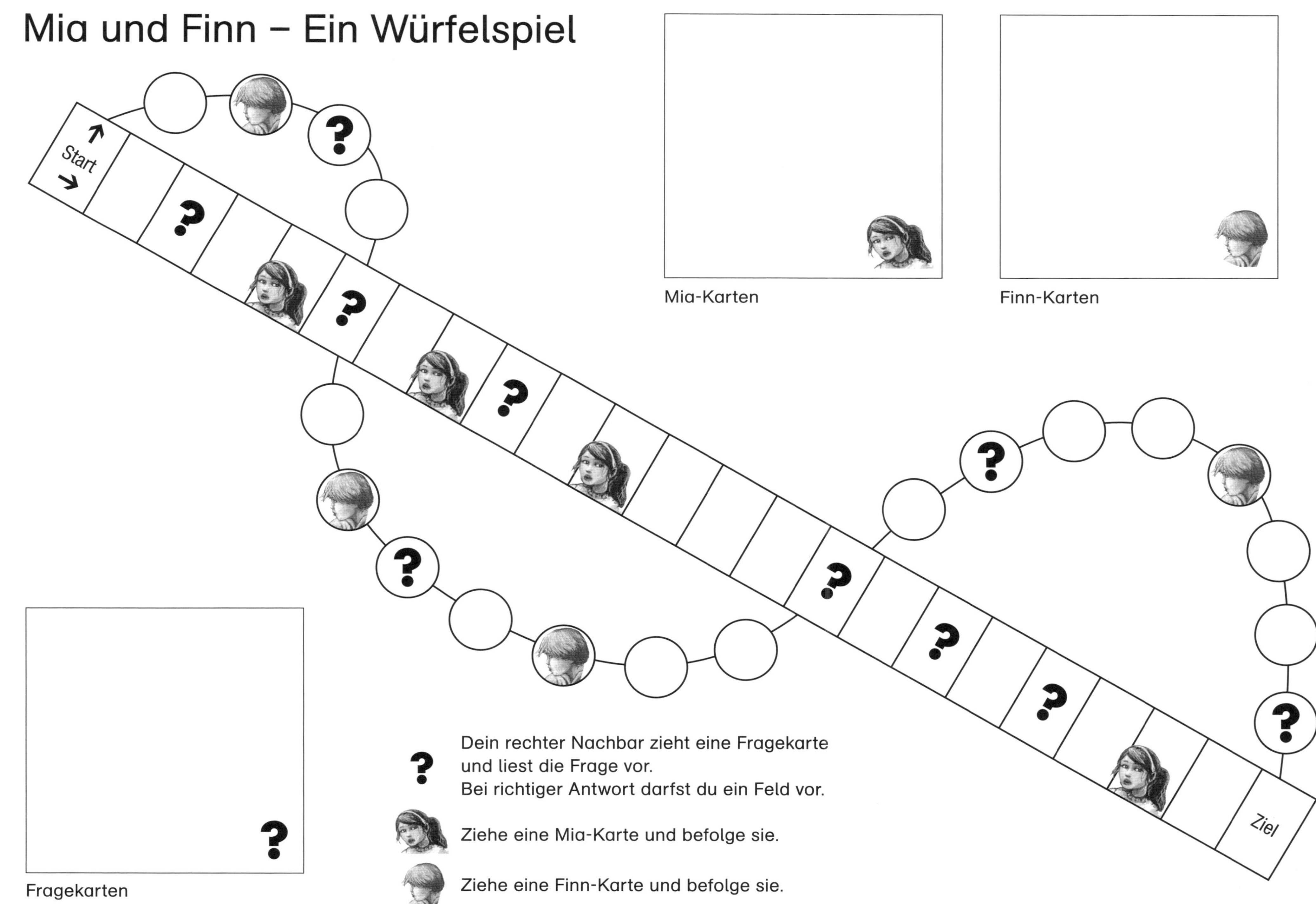

? Dein rechter Nachbar zieht eine Fragekarte und liest die Frage vor.
Bei richtiger Antwort darfst du ein Feld vor.

Ziehe eine Mia-Karte und befolge sie.

Ziehe eine Finn-Karte und befolge sie.

Mia und Finn – Frage- und Ereigniskarten

✂

? Woher kommt der Name „M 42“? (Antwort: So heißt der südliche Teil des Orionnebels.)	**?** Wie heißt das fehlende Wort? *Glücklich allein* *Ist die …, die liebt.* (Antwort: Seele)	**?** Welche Aussage des Richters nimmt Mia im Gerichtssaal wörtlich? (Antwort: „Sonst sieht es total finster für dich aus, Finn.“)
?	 Herr Bielert schlägt in der Lehrerkonferenz vor, Mia solle doch auf eine „Behindertenschule“ gehen. Gehe ein Feld zurück.	 Die Astronomie-AG wird ein Erfolg: Nach anfänglichen Problemen freuen sich die anderen Schüler jedes Mal, wenn Mia ein Referat hält. Gehe zwei Felder vor.
 Frau Gerlach macht Druck: Mia soll bis morgen eine Kurzgeschichte interpretieren. Gehe ein Feld zurück.		 Finn hat mal wieder nicht für Physik gelernt, weil er einfach von Mia abschreiben wollte. Leider ist Mia heute krank … Gehe ein Feld zurück.
 Finn bekommt eine Praktikumsstelle im CJD. Diesmal muss er nicht abwaschen, sondern darf kellnern. Gehe zwei Felder vor.	 Ein paar Tage nach dem Auftritt in der Schreinerwerkstatt trifft Finn Benny auf der Straße. Leider ist Finn heute viel unentschlossener … Gehe ein Feld zurück.	